ROLAND SCHWANECKE

Die „grundlegende Änderung des Betriebszwecks" im Sinne des § 111 S. 2 Nr. 4 BetrVG 1972

Schriften zum Sozial- und Arbeitsrecht

Band 101

Die „grundlegende Änderung des Betriebszwecks“ im Sinne des § 111 S. 2 Nr. 4 BetrVG 1972

Von

Dr. Roland Schwanecke

Duncker & Humblot · Berlin

CIP-Titelaufnahme der Deutschen Bibliothek

Schwanecke, Roland:
Die „grundlegende Änderung des Betriebszwecks“ im Sinne des § 111 S. 2 Nr. 4 BetrVG 1972 / von Roland Schwanecke.– Berlin: Duncker u. Humblot, 1989
(Schriften zum Sozial- und Arbeitsrecht; Bd. 101)
Zugl.: Erlangen-Nürnberg, Univ., Diss., 1989
ISBN 3-428-06796-7
NE: GT

D 29

Druck: Berliner Buchdruckerei Union GmbH, Berlin 61
Printed in Germany

ISSN 0582-0227
ISBN 3-428-06796-7

Gewidmet meiner Frau Barbara

Vorwort

Der Gesetzgeber hat sich bei der Schaffung des Betriebsverfassungsgesetzes zahlreicher unbestimmter Rechtsbegriffe bedient. Es bleibt der Rechtswissenschaft und Rechtsprechung überlassen, diese so auszulegen, daß die Normen des Gesetzes berechenbar werden. Durch Auslegung des Tatbestandsmerkmals „grundlegende Änderung des Betriebszwecks" soll ein Beitrag zur Schaffung von Rechtssicherheit geleistet werden.

Herrn Prof. Dr. Wolfgang Blomeyer sei an dieser Stelle recht herzlich gedankt für die Anregung zu diesem Thema und für die Betreuung der Arbeit, die bei der juristischen Fakultät der Friedrich-Alexander-Universität Erlangen-Nürnberg als Dissertation vorgelegen hat.

Aichach, im Oktober 1989

Roland Schwanecke

Inhaltsverzeichnis

A. Einleitung 13

I. Problematik ... 13

1. Betriebszweck ... 13

2. Änderung ... 14

3. Grundlegend ... 15

II. Lösung ... 15

B. Hauptteil 17

I. Bedeutung des Relativsatzes des § 111 S. 1 BetrVG 1972 ... 17

1. Abschließende Regelung des Satzes 2 des § 111 BetrVG 1972 ... 17

a) Meinungen in der Literatur ... 17

aa) § 111 S. 2 BetrVG 1972 als beispielhafte Aufzählung ... 18

bb) § 111 S. 2 BetrVG 1972 als abschließende Regelung ... 20

b) Stellungnahme ... 20

aa) Wortauslegung als Indiz ... 20

bb) Historische Auslegung ... 21

cc) Erwägungen der Rechtssicherheit und Praktikabilität ... 23

c) Bedeutung für die Auslegung des Begriffs „Betriebszweck" ... 25

2. Bedeutung des Relativsatzes des § 111 S. 1 BetrVG 1972 im Rahmen der Tatbestände des Satzes 2 ... 25

a) Lösungsmöglichkeiten ... 25

b) Relevanz der Streitfrage ... 26

c) Argumente der Literatur und Rechtsprechung ... 26

aa) § 111 S. 1 BetrVG 1972 als eigenständiges Tatbestandsmerkmal 27 bb) § 111 S. 1 BetrVG 1972 kein eigenständiges Tatbestandsmerkmal bei Unterrichtungs- und Beratungspflicht 28

cc) § 111 S. 1 BetrVG 1972 als Legaldefinition des Gesetzeszwecks 29

d) Stellungnahme 30

aa) Grammatikalische Auslegung 30

bb) Historische Auslegung 30

e) Zusammenfassung 31

II. Betriebszweck 31

1. Betriebsbegriff 31

2. Arbeitstechnischer oder wirtschaftlicher Zweck 34

a) Stellungnahme der Literatur und Rechtsprechung 34

b) Begriffliche Klärung 35

c) Kritische Stellungnahme zur Entscheidung des Landesarbeitsgerichts Niedersachsen 35

d) Begründung des arbeitstechnischen Zweckbegriffs 36

aa) Argument der Unterscheidung zwischen Betrieb und Unternehmen 36

bb) Gründe der Gesetzgebungsgeschichte 37

cc) Systematische Erwägungen 38

dd) Aspekte des Normzwecks 39

e) Problem der Betriebsaufspaltung 40

3. Einheitlicher Betriebszweck in einem Betrieb 41

4. Präzisierung des Produkts 42

a) Relevanz der Vorfrage für den Mitbestimmungstatbestand 42

b) Lösungsmodell 43

c) Auslegung des Begriffs „Zweck“ 43

aa) Wortinterpretation 44

bb) Historische Auslegung 45

cc) Systematische Auslegung 46

5. Verhältnis des Betriebszwecks zu Mitbestimmungstatbeständen nach § 111 S. 2 Nr. 4 u. 5 BetrVG 1972 46

a) Fertigungsverfahren, Arbeitsmethoden und Betriebsanlagen 47

b) Betriebsorganisation 47

III. Grundlegende Änderung 47

1. Änderung 47

a) Austausch des alleinigen Betriebszwecks 48

b) Ergänzung eines Betriebszwecks bzw. Einstellung eines solchen unter mehreren 48

aa) Auffassung der Literatur und Rechtsprechung 48

bb) Stellungnahme 48

(1) Wortinterpretation 48

(2) Historische und teleologische Argumente 50

c) Betriebszweckänderung und Stillegung bzw. Einschränkung des Betriebs oder eines wesentlichen Betriebsteils 50

aa) Stillegung 50

bb) Betriebseinschränkung 52

2. Grundlegend 53

a) Überblick über Meinungen in Literatur und Rechtsprechung 53

aa) Allgemeine Definitionen 53

bb) Fallbeispiele in der Literatur 56

b) Eigener Lösungsansatz 57

aa) Wortinterpretation 58

bb) Aspekte der Gesetzgebungsgeschichte 58

cc) Systematische und teleologische Auslegung 60

dd) Zwischenergebnis 61

c) Lösung von Einzelproblemen 61

aa) Regelmäßige Anzahl der betroffenen Arbeitnehmer 62

(1) Regelmäßige Anzahl 62

(2) Ausnahmen 68

(3) Gültigkeit der Zahlen für andere Nachteile außer Entlassungen 69

(4) Stufenweise Durchführung von Betriebszweckänderungen 70

bb) Qualität der wesentlichen Nachteile 73

(1) Nachteile 73
(2) Wesentlichkeit 75
α) Vergleich mit anderen Tatbeständen des § 111 S. 2 Nr. 1 bis 3 BetrVG 1972 75
β) Anhaltspunkte aus der Gesetzgebungsgeschichte 77
γ) Fallgruppen 77
δ) Zusammenfassung 81
cc) Intensität der Nachteile für den Einzelnen 82
dd) Aufeinandertreffen verschiedener Nachteilsfolgen 83
ee) Beurteilungsmaßstab bezüglich der Nachteile 83
ff) Abhängigkeit des Mitbestimmungsrechts von der Art der Produkte (Modeartikel) 85
gg) Abhängigkeit des Mitbestimmungsrechts von der Form der Änderung 85
hh) Abhängigkeit des Mitbestimmungsrechts von der Art der Durchführung der Maßnahmen 85
(1) Meinung in Literatur und Rechtsprechung 86
(2) Stellungnahme 87

IV. Zusammenfassung 89

C. Schlußteil 91

Literaturverzeichnis 92

A. Einleitung

I. Problematik

Ziel dieser Arbeit ist es, die Tatbestandselemente des §111 S. 2 Nr. 4 BetrVG 1972, nämlich *„grundlegende Änderungen des Betriebszwecks"*, zu konkretisieren, um eine genauere Aussage darüber treffen zu können, wann in diesem Fall ein Mitbestimmungsrecht des Betriebsrats in Frage kommt.

§111 BetrVG 1972 regelt die Beteiligungsrechte des Betriebsrats hinsichtlich wirtschaftlicher Angelegenheiten. Systematisch ist diese Materie im 6. Abschnitt „Wirtschaftliche Angelegenheiten", bzw. im 2. Unterabschnitt „Betriebsänderungen" normiert. Satz 1 bestimmt dabei, daß der Betriebsrat dann zu beteiligen ist, wenn „Betriebsänderungen, die wesentliche Nachteile für die Belegschaft oder erhebliche Teile der Belegschaft zur Folge haben können" geplant sind. Satz 2 führt weiter aus: „Als Betriebsänderungen im Sinne des Satzes 1 gelten...", es folgt eine Aufzählung von Einzeltatbeständen, u.a. unter Nr. 4 „grundlegende Änderungen der Betriebsorganisation, des Betriebszwecks oder der Betriebsanlagen...".

Im Gesetz ist zum einen nicht geregelt, was unter Betriebszweck bzw. unter Änderung zu verstehen ist. Zum anderen verwendet der Normgeber durch den Begriff „grundlegend" ein Tatbestandsmerkmal, welches wegen seines normativen Gehalts unklar und auslegungsbedürftig ist. Beides führte dazu, daß dieser Mitbestimmungstatbestand wegen der damit verbundenen Rechtsunsicherheit in der Praxis kaum Bedeutung erlangen konnte.

Es wird somit angestrebt, die erwähnten Tatbestandsvoraussetzungen allgemein zu definieren und so für die Praxis handhabbar zu machen.

1. Betriebszweck

Bei der Frage, wie der Begriff Betriebszweck im Sinne des §111 S. 2 Nr. 4 BetrVG 1972 auszulegen ist, ergeben sich zwei Problemschwerpunkte.

Zum einen muß geklärt werden, ob unter Betriebszweck ein „arbeitstechnischer" oder ein „wirtschaftlicher" zu verstehen ist. Die Literatur erörtert diese Frage kaum als Problem, sondern geht als selbstverständlich davon aus, daß nur ein arbeitstechnischer Zweckbegriff in §111 S. 2 Nr. 4 BetrVG 1972 gemeint sein kann[1]. Irritationen sind erst insoweit aufgetreten, als das

Landesarbeitsgericht Niedersachsen die Meinung vertreten hatte, es sei ein wirtschaftlicher Zweckbegriff maßgebend[2]. Diese Ansicht scheint vor allem auf begrifflichen Mißverständnissen zu basieren. Das Bundesarbeitsgericht korrigierte zwar in der Revision diese Entscheidung, ohne jedoch eine nähere Begründung zu liefern[3].

Auf der anderen Seite ist problematisch, inwieweit bei Zugrundelegung eines arbeitstechnischen Zweckbegriffs das Produkt oder die Dienstleistung des Betriebs zu präzisieren ist oder durch Bildung von Oberbegriffen umschrieben werden darf. Der Wortlaut des Begriffs „Zweck" allein, ließe hier weiten Spielraum. So kann der arbeitstechnische Zweck einer Brauerei als Herstellung einer bestimmten Biersorte, als Bier allgemein oder als Getränke- oder Konsumgüterherstellung qualifiziert werden. Auf der anderen Seite könnten auch Zwischenprodukte als arbeitstechnische Zwecke angesehen werden. Beim Brauen von Bier könnte man z. B. den Sud oder dessen Bestandteile als Betriebszwecke bezeichnen. Die aufgeworfene Frage ist präjudiziell für das Folgeproblem, ob eine Änderung vorliegt. Wird der Betriebszweck der Brauerei als Getränkeherstellung bezeichnet, ist der Wechsel auf Limonadenproduktion schon sprachlich keine Betriebszweckänderung mehr.

Literatur und Rechtsprechung greifen diese Frage nicht auf, sondern befassen sich nur mit dem Problem, wann eine Änderung grundlegend ist. Die zweite Frage kann jedoch ohne Lösung der ersten nicht sinnvoll beantwortet werden.

2. Änderung

Auf zweiter Ebene stellt sich die Problematik, wann eine Änderung vorliegt. Zu fragen ist, ob eine Betriebszweckänderung auch dann gegeben ist, wenn zu einem Produktionsziel ein weiteres hinzugefügt wird, z. B. der Bierhersteller zusätzlich Limonade abfüllt, oder wenn einer von mehreren Betriebszwekken aufgegeben wird. Soweit Literatur[4] und Rechtsprechung[5] dazu Stellung nehmen, wird die Frage bejaht.

---

[1] Vgl. Dietz/Richardi §111 BetrVG 1972 Rn. 63; Fabricius/Kraft/Thiele/Wiese §111 BetrVG 1972 Rn. 157; Fitting/Auffarth/Kaiser/Heither §111 BetrVG 1972 Rn. 31; Kaven, Das Recht des Sozialplans (1977) S. 40; BAG v. 17.12.1985 AP Nr. 15 Bl. 2 zu §111 BetrVG 1972.

[2] LAG Niedersachsen v. 10.5.1983 Az. 12 Ta BV 9/82; so auch Hess/Schlochauer/Glaubitz §111 BetrVG 1972 Rn. 66.

[3] BAG v. 17.12.1985 AP Nr. 15 Bl. 2 zu §111 BetrVG 1972.

[4] Dietz/Richardi §111 BetrVG 1972 Rn. 63; Fitting/Auffarth/Kaiser/Heither §111 BetrVG 1972 Rn. 31; HzA Bd. 4 Rn. 925.

[5] BAG v. 17.12.1985 AP Nr. 15 Bl. 2 zu §111 BetrVG 1972.

3. Grundlegend

Schließlich ist zu erörtern, wann eine Änderung grundlegend ist. Mögliche Ansatzpunkte sind das Ausmaß der Änderung, die Wirkung auf die Arbeitnehmer unter eventueller Berücksichtigung der Art und des Zwecks des Betriebs.

In der Literatur findet man dazu keine allgemein gültigen Regeln. Anzutreffen sind allenfalls Ersatzformulierungen wie, grundlegende Änderung sei das „völlige Umstellen der Produktion[6]" oder „eine das Gepräge des Betriebs verändernde Umstellung der Produktion[7]" oder diese sei dann grundlegend, wenn sie „ erhebliche Auswirkungen auf den Betriebsablauf hat[8]". Das Bundesarbeitsgericht[9] prägt den Satz, eine grundlegende Änderung sei dann gegeben, wenn der Betriebszweck „ völlig neuartig" sei. Es wird auch die Meinung vertreten, die Frage der grundlegenden Änderung sei allein nach den Auswirkungen auf die Belegschaft zu entscheiden[10]. Dabei wird jedoch im einzelnen nicht auf die Qualität der Nachteile eingegangen. Teilweise werden auch Beispiele genannt, die wenig zur Aufklärung beitragen. Z. B. sei die Herstellung von Maschinen statt Werkzeug oder von Motorrädern statt Personenkraftwägen eine grundlegende Änderung[11], hingegen sei die Produktion eines anderen Fahrzeugtyps oder einer elektronischen Uhr statt einer mechanischen keine grundlegende Änderung[12].

II. Lösung

Das Ziel einer allgemeinen Definition wird dadurch erreicht, daß die einzelnen Tatbestandsvoraussetzungen nach den klassischen Auslegungsmethoden interpretiert werden. Ein besonders wichtiger Aspekt wird dem Gesetzeszweck zukommen.

Für die Auslegung mit entscheidend ist die Frage, welche Tatbestandsmerkmale im Rahmen des §111 S. 2 BetrVG 1972 vorliegen müssen, um

[6] Fabricius/Kraft/Thiele/Wiese §111 BetrVG Rn.157; Gnade/Kehrmann/Schneider/Blanke §111 BetrVG 1972 Rn.29; Hess/Schlochauer/Glaubitz §111 BetrVG 1972 Rn.66.

[7] Galperin/Löwisch §111 BetrVG 1972 Rn.30a .

[8] Fitting/Auffarth/Kaiser/Heither §111 BetrVG 1972 Rn.31.

[9] BAG v.17.12.1985 AP Nr. 15 Bl. 3 zu §111 BetrVG 1972.

[10] Dietz/Richardi § 111 BetrVG 1972 Rn. 24, 64, 68; Fabricius/Kraft/Thiele/Wiese § 111 BetrVG 1972 Rn. 153f.

[11] Dietz/Richardi § 111 BetrVG 1972 Rn. 64.

[12] Dietz/Richardi § 111 BetrVG 1972 Rn. 64; Galperin/Löwisch § 111 BetrVG 1972 Rn. 30a.

Mitwirkungs- und Mitbestimmungsrechte des Betriebsrats auslösen zu können.

Umstritten ist, ob der Katalog des §111 S. 2 BetrVG 1972 abschließend ist. Damit eng verknüpft ist die Frage, ob die Voraussetzungen des §111 S. 1 BetrVG 1972 zusätzlich zu denen der einzelnen Nummern des §111 S. 2 BetrVG 1972 zu prüfen sind. Folgt man der Meinung, §111 S. 2 BetrVG 1972 stelle eine abschließende Aufzählung dar, so daß es keine weiteren Mitwirkungstatbestände gibt, wird man geneigt sein, die Begriffe des §111 S. 2 BetrVG 1972, wie z.B. Änderung des Betriebszwecks, weiter auszulegen. Verzichtet man auf der anderen Seite auf das zusätzliche Erfordernis des §111 S. 1 BetrVG 1972, nämlich daß wesentliche Nachteile der Belegschaft vorliegen müssen, wird man diese Voraussetzungen bei der Auslegung unbestimmter Rechtsbegriffe mit heranziehen, um dem Gesetzeszweck gerecht zu werden und die Fälle ausscheiden zu können, in denen keine Nachteile zu Lasten der Arbeitnehmer auftreten können.

Dieser Punkt ist deswegen eingangs zu erörtern.

B. Hauptteil

I. Bedeutung des Relativsatzes des § 111 S. 1 BetrVG 1972

1. Abschließende Regelung des Satzes 2 des § 111 BetrVG 1972

Die Frage, ob der Katalog des Satzes 2 des § 111 BetrVG 1972 die Voraussetzungen des Mitbestimmungsrechts des Betriebsrats im Rahmen dieser Vorschrift abschließend festlegt, spielt für die Auslegung des Satzes 2 eine nicht unbedeutende Rolle. Bejaht man dies, wird man geneigt sein, die Tatbestandselemente des Satzes 2 eher weit auszulegen, so daß möglichst alle Fälle erfaßt werden, die der Gesetzgeber wegen des Zwecks des § 111 BetrVG, nämlich die Arbeitnehmer vor Nachteilen zu schützen[1], erfassen wollte. Dies würde für die Interpretation des Begriffs „Betriebszweck" bedeuten, die herzustellenden Produkte eines Betriebs müßten so genau präzisiert werden, daß vermieden wird, ein Mitbestimmungsrecht schon daran scheitern zu lassen, daß wegen einer zu globalen Bezeichnung des Betriebszwecks schon rein sprachlich keine Änderung mehr vorliegt. Denn nur so bleibt auf der zweiten Ebene Spielraum, im Rahmen des Tatbestandsmerkmals „grundlegende Änderung" die Wertungen des Gesetzeszwecks mit einfließen zu lassen. Würde z. B. der Betriebszweck einer Brauerei als Herstellung von Getränken definiert werden, wäre die Umstellung der Produktion von Bier auf Limonade sprachlich keine Änderung. Man könnte Fälle, in denen Betriebsangehörige wesentliche Nachteile erleiden, nur noch dann mitbestimmungspflichtig erfassen, wenn § 111 S. 1 BetrVG 1972 einen Auffangtatbestand darstellen würde. Da dies, wie noch näher gezeigt wird, zu verneinen ist, ist man gezwungen, den Betriebszweck präziser zu formulieren, um dem Gesetzeszweck möglichst gerecht zu werden.

a) Meinungen in der Literatur

Die Frage, ob § 111 S. 2 BetrVG 1972 die Fälle einer Mitbestimmung abschließend regelt, ist in der Literatur umstritten[2]. Das Bundesarbeitsgericht hat die Frage bisher ausdrücklich offengelassen[3].

---

[1] Fitting/Auffarth/Kaiser/Heither § 111 BetrVG 1972 Rn. 1; Dietz/Richardi § 111 BetrVG 1972 Rn. 16.

[2] *Bejahend*: Dietz/Richardi § 111 BetrVG 1972 Rn. 17; Galperin/Löwisch § 111 BetrVG 1972 Rn. 19; Hess/Schlochauer/Glaubitz § 111 BetrVG 1972 Rn. 17;

aa) §111 S. 2 BetrVG 1972 als beispielhafte Aufzählung

Die Vertreter, die eine beispielhaft Aufzählung bejahen, begründen ihre Ansicht vor allem mit dem Wortlaut des Gesetzes[4]. Durch das Wort „gelten" drücke der Gesetzgeber eine Fiktion, also eine gesetzliche Verweisung, aus. Bei einer solchen gäbe es jedoch immer einen Primärtatbestand, auf den verwiesen wird, und einen Sekundärtatbestand, auf den die Rechtsfolgen erstreckt werden. Das Wesen der Fiktion liege gerade darin, daß beide Tatbestände nebeneinander anwendbar seien[5]. Zudem wird ins Feld geführt, daß bei einer abschließenden Regelung der Relativsatz des Satzes 1 des §111 BetrVG 1972 überflüssig wäre[6], weil dieses Kriterium nach der herrschenden Meinung in der Literatur und der Rechtsprechung im Rahmen des Katalogs des Satzes 2 nicht mehr zu prüfen ist[7].

Dieser Begründung ist zum einen entgegenzuhalten, daß der Wortlaut keineswegs eindeutig ist. Der Prämisse, eine Fiktion setze immer einen Primär- und Sekundärtatbestand voraus, kann schon nicht gefolgt werden. Dies trifft nur für gesetzesverweisende Fiktionen zu. Diese haben das Ziel, auf den Sekundärtatbestand die Rechtsfolgen des Primärtatbestands, dessen Voraussetzungen nicht erfüllt oder zumindest unklar sind, zu übertragen[8]. Es

---

Stege/Weinspach §111 BetrVG 1972 Rn. 20; Matthes DB 1972, 286; Hanau ZfA 1974, 89, 93; Hunold BB 1975, 1439, 1440; LAG Düss. v. 14.8.1973 DB 1973, 2453; LAG Düss. v. 29.3.1978 DB 1979, 114; Galperin, Das Betriebsverfassungsgesetz 1972 Leitfaden für die Praxis S. 134 (1972); Vogt, Sozialpläne in der betrieblichen Praxis S. 46f. (2. Auflage 1981); Vogt DB 1974, 237, 238; Etzel, Die Rechtsprechung zum Betriebsverfassungsgesetz 1972 S. 169f. (1974); Richardi NZA 1984, 177, 178f.; Schlüter SAE 1973, 75, 77; Schaub, Arbeitsrechts-Handbuch (6. Auflage 1987) S. 1573 u. 1576, §244 II 2a, 8.

Verneinend: Fabricius/Kraft/Thiele/Wiese §111 BetrVG 1972 Rn. 71; Fitting/Auffarth/Kaiser/Heither §111 BetrVG 1972 Rn. 15; Gnade/Kehrmann/Schneider/Blanke §111 BetrVG 1972 Rn. 10; Wlotzke §111 BetrVG 1972 Anm. 3 S. 228; Rumpff BB 1972, 325, 326; Kehrmann/Schneider BlStSozArbR 1972, 60, 63; Becker BlStSozArbR 1974, 54, 55; Engels BlStSozArbR 1979, 2227ff.; LAG Baden Württemberg v. 29.8.1973 DB 1973, 2454f.; Rumpff, Mitbestimmung in wirtschaftlichen Angelegenheiten S. 230, 259ff. (2. Auflage 1978); Maurer DB 1974, 2305.

[3] BAG AP v. 17.2.1981 Nr. 9 Bl. 1 zu §111 BetrVG 1972; BAG v. 17.8.1982 AP Nr. 11 Bl. 2 zu §111 BetrVG 1972.

[4] Fabricius/Kraft/Thiele/Wiese §111 BetrVG 1972 Rn. 71; Kreutz BlStSozArbR 1971, 209, 211; Engels BlStSozArbR 1979, 2227, 2228; Rumpff, Mitbestimmung S. 230; Fitting/Auffarth/Kaiser/Heither §111 BetrVG 1972 Rn. 15.

[5] Fabricius/Kraft/Thiele/Wiese §111 BetrVG 1972 Rn. 71.

[6] Kreutz , Mitbestimmung S. 211; Rumpff a. a. O. S. 230ff.

[7] Vgl. Dietz/Richardi §111 BetrVG 1972 Rn. 20-22 m.w. N.; BAG v. 26.10.1982 AP Nr. 10 Bl. 6; v. 17.8.1982 AP Nr. 11 Bl. 2; v. 17.12.1985 AP Nr. 15 zu §111 BetrVG 1972; zum Ganzen näher unten B I 2.

[8] Larenz, Methodenlehre der Rechtswissenschaft S. 251 f. (5. Auflage 1983).

gibt jedoch auch definitorische Fiktionen[9]. Diese Form der Fiktion setzt gerade keinen Primär- und Sekundärtatbestand voraus, sondern dient dazu, einen Begriff innerhalb eines Tatbestands näher zu erläutern. Ob dieser nur in einem Teilbereich definiert wird, wie im Fall des §92 Abs. 2 BGB, oder abschließend, so daß außerhalb der Definition für den unbestimmten Rechtsbegriff kein weiterer Anwendungsbereich bleibt, oder ob schließlich eine gesetzesverweisende Fiktion vorliegt, kann allein aus dem Wortlaut der Vorschrift nicht eindeutig erschlossen werden. Es spricht im Gegenteil mehr dafür, daß es sich bei §111 S. 1 BetrVG 1972, soweit sich die Fiktion auf den Begriff „Betriebsänderung" bezieht, um eine definitorische Fiktion[10] handelt. Dies ergibt sich daraus, daß die Nummern 1 bis 5 des Satzes 2 alle unstreitig Betriebsänderungen sind, also Änderungen entweder der betrieblichen Organisation, der Struktur, des Tätigkeitsbereichs, der Arbeitsweise, der Fertigung oder des Standorts[11]. Eine Gesetzesverweisung wäre somit gar nicht nötig gewesen. Dem wird zwar entgegengehalten, es sei gerade problematisch, ob eine Betriebsstillegung eine „Änderung" sei[12]. Deswegen habe man eine gesetzesverweisende Fiktion gewählt. Diese Bedenken können jedoch nicht geteilt werden. Die Betriebsstillegung ist gerade der Extremfall einer Betriebsänderung. Es kann schon rein sprachlich kein Zweifel bestehen, daß diese dem Änderungsbegriff unterfällt. Abgesehen davon ist es auch möglich, daß die Fiktion den Begriff über den reinen Wortlaut hinaus definiert. Diese Frage braucht jedoch letztlich nicht bis in alle Konsequenzen geklärt werden, da es für den hier vorliegenden Zweck genügt, festzustellen, daß der Wortlaut zumindest beide vertretenen Interpretationsergebnisse offen läßt.

Auch die Argumentation, bei einer abschließenden Regelung des Satzes 2 sei der Relativsatz des Satzes 1 überflüssig, weil diese Voraussetzung im Rahmen des Satzes 2 nach h. M. nicht gesondert geprüft werden müsse, ist unabhängig von der Beurteilung dieser weiteren Streitfrage nicht überzeugend. Die Funktion des Satzes 1 kann ebenso allein darin liegen, den Gesetzeszweck legal festzuschreiben, der dann im Rahmen der Auslegung der Tatbestände des Satzes 2 zur Interpretation zur Hilfe genommen werden kann[13]. Die Fixierung des Schutzzweckes im Gesetz ist durchaus nicht

---

[9] Larenz a.a.O. S. 253.

[10] So auch Dietz/Richardi §111 BetrVG 1972 Rn. 8; Richardi Anm. zu AP Nr. 6 Bl. 5 zu §72 BetrVG 1952; Hanau ZfA 1974, 89, 94.

[11] Fitting/Auffarth/Kaiser/Heither §111 BetrVG 1972 Rn. 7.

[12] So Fabricius/Kraft/Thiele/Wiese §111 BetrVG 1972 Rn. 72.

[13] Dietz/Richardi §111 BetrVG 1972 Rn. 23; Schlüter SAE 1973, 73, 77; BAG v. 26.10.1982 AP Nr. 10 Bl. 6; v. 17.8.1982 Nr. 11 Bl. 3 zu §111 BetrVG 1972; Richardi Anm. zu BAG AP Nr. 11 Bl. 5 zu §111 BetrVG 1972.

ungewöhnlich, wie neuere Gesetze z. B. §1 BImSchG oder §1 AtG zeigen. Das BetrVG 1972 enthält in §2 Abs. 1 selbst eine sogenannte Ergänzungsnorm, die der Auslegungshilfe anderer Vorschriften dieses Gesetzes dienen soll.

Zusammenfassend ist der Schluß zu ziehen, daß die Argumente der Gegenmeinung nicht zwingend für die Bejahung einer beispielhaften Aufzählung des §111 S. 2 BetrVG 1972 sprechen.

bb) §111 S. 2 BetrVG 1972 als abschließende Regelung

Die Vertreter der herrschenden Meinung stützen sich ebenfalls auf den Wortlaut der Vorschrift, indem sie darauf verweisen, daß bei einer beispielhaften Aufzählung das Wort „insbesondere" eingefügt worden wäre[14]. Der Gesetzgeber habe solche Formulierungsvorschläge nicht aufgegriffen[15]. Zudem wird ins Feld geführt, daß die Tatbestände des Satzes 2 so weit gefaßt sind, daß keine weiteren Fälle im Sinne des Satzes 1 denkbar wären[16].

Als weiteres Argument wird angeführt, der Mitbestimmungstatbestand schränke die unternehmerische Freiheit ein, deswegen seien aus rechtsstaatlichen Erwägungen unter dem Gesichtspunkt der Rechtssicherheit begrifflich klare Tatbestände notwendig[17]. Abgesehen davon habe der Gesetzgeber die Mitbestimmung nur an besondere Formen der Betriebsänderung anknüpfen wollen[18].

b) Stellungnahme

Wie schon angedeutet, ist dieser zweiten Meinung zu folgen.

aa) Wortauslegung als Indiz

Schon der Hinweis, daß das Wort „insbesondere" fehlt, ist zumindest ein Indiz für die Richtigkeit dieser Ansicht. Das Fehlen könnte zwar mit einem Redaktionsversehen begründet werden. Dagegen spricht jedoch erstens, daß

---

[14] Dietz/Richardi §111 BetrVG 1972 Rn. 18; Hess/Schlochauer/Glaubitz §111 BetrVG 1972 Rn. 17; Stege/Weinspach §111 BetrVG 1972 Rn. 20; LAG v. 14.8.1973 Düss. DB 1973, 2453 f.; LAG Düss. v. 29.3.1978 DB 1979, 114; Vogt, Sozialpläne in der betrieblichen Praxis S. 46; Dietz §72 BetrVG 1952 Rn. 6 (4. Auflage 1967); Etzel a. a. O. S. 170; Kaven, Das Recht des Sozialplans S. 29 f. (1977).

[15] Hanau ZfA 1974, 89, 93.

[16] Kaven a. a. O. S. 30.

[17] Galperin/Löwisch §111 BetrVG 1972 Rn. 19; Hunold BB 1975, 1439, 1440; Vogt a. a. O. S. 46; Dietz §72 BetrVG 1962 Rn. 6.

[18] Dietz/Richardi §111 BetrVG 1972 Rn. 18; Richardi NZA 1984, 179.

der Gesetzgeber während des Gesetzgebungsverfahrens zum BetrVG 1952, dessen §72 inhaltsgleich mit dem des §111 BetrVG 1972 ist und dessen Entstehungsgeschichte somit auch zur Auslegung der neuen Fassung herangezogen werden kann[19], diesen Formulierungsvorschlag[20] nicht angenommen hat. Zweitens ist davon auszugehen, daß dem Gesetzgeber die Differenzierung zwischen abschließender und beispielhafter Aufzählung durchaus bewußt war, denn die mit dem Katalog des §111 S. 2 BetrVG 1972 fast identische Regelung des §106 Abs. 3 BetrVG 1972, die ebenfalls eine Generalklausel enthält, greift das Wort „insbesondere" auf. Dies spricht dafür, daß der Gesetzgeber eine unterschiedliche Regelung bezweckt hat[21]. Auch sonst wird durch das Wort „insbesondere" eine beispielhafte Aufzählung dokumentiert[22]. Der Gegeneinwand, auf diese Formulierung habe man deswegen verzichten können, weil eine gesetzesverweisende Fiktion vorliege, steht und fällt mit der Frage, ob eine gesetzesverweisende oder, wofür mehr spricht, eine definitorische Fiktion vorliegt.

bb) Historische Auslegung

Gründe aus der Gesetzgebungsgeschichte sprechen jedoch eindeutig für die Bejahung einer abschließenden Regelung.

Unabhängig davon, daß der Gesetzgeber die Gesetzesentwürfe, die eine beispielhafte Aufzählung enthalten, nicht aufgegriffen hat, wurde auch der Entwurf der Bundesregierung[23] vom Bundestagsausschuß nicht übernommen, der auf einen Katalog von Mitbestimmungstatbeständen ganz verzichtete und nur eine Generalklausel dergestalt enthielt, daß eine Mitbestimmungspflicht dann besteht, wenn eine Maßnahme dazu führt, daß Arbeitnehmer entlassen werden oder auf eine andere Tätigkeit umgesetzt werden, für die das Arbeitsentgelt geringer ist, oder anderweitige wesentliche Nachteile erleiden. Allerdings sollte ein Interessenausgleich und ein Sozialplan dann nicht verlangt werden können, wenn die Maßnahme durch nicht geplante Einschränkungen der Beschäftigungsmöglichkeit im Betrieb, insbesondere auf Grund einer Veränderung der Auftragslage oder der wirtschaftlichen Lage des Betriebs bedingt war. Der Bundestagsausschuß[24] schlug

[19] So auch Hanau ZFA 1974, 89, 91; so auch ausdrücklich BT-Ausschuß BT-Dr. VI/Begr. zu Nr. 2729 zu §111 S. 32; BT-Dr. VI/ Begr. zu Nr. 2729 S.8.

[20] Entwurf des CDU-Fraktion BT-Dr. I/970 S.45 §45; Entwurf der SPD-Fraktion BT-Dr. I/1229 §13 S.7.

[21] So auch LAG Düss. v.29.3.1978 DB 1979, 114.

[22] Vgl. §88 BetrVG 1972.

[23] BT-Dr. VI/1786 S.23.

[24] BT-Dr. VI/2729 S. 51f.

demgegenüber §111 BetrVG 1972 in der heute gültigen Fassung vor. Er lehnte den Regierungsentwurf mit der Begründung ab[25], daß die vorgesehene korrigierende Ausnahmeregelung, die bei der Einführung einer Generalklausel, die nicht auf bestimmte Formen der Betriebsänderung abstellt und somit auch Fälle von vorübergehenden Schwankungen der Beschäftigungsmöglichkeiten im Betrieb auf Grund konjunktureller oder sonstiger wirtschaftlicher Zwangslagen erfassen würde, zu unbestimmt sei und eventuell über den eigentlichen Zweck der Ausnahme das Mitbestimmungsrecht des Betriebsrats einschränken könnte. Deswegen hat der Bundestagsausschuß an der katalogmäßigen Umschreibung bestimmter Betriebsänderungstatbestände festgehalten, um auf dieses unbestimmte Korrektiv verzichten zu können. Würde daneben auch §111 S. 1 BetrVG 1972 einen selbständigen Mitbestimmungstatbestand darstellen, könnten auch Fälle vorübergehender Schwankungen der Beschäftigungsmöglichkeiten erfaßt werden, denn die Generalklausel des Regierungsentwurfs ist mit der Regelung des §111 S. 1 BetrVG 1972 identisch. Im Gegensatz zu §111 BetrVG 1972 enthält der Regierungsentwurf zwar nicht den Begriff „Maßnahme“. Damit ist jedoch unzweifelhaft eine „Betriebsänderung“ gemeint. Dies ergibt sich aus der Überschrift „Betriebsänderung“ des Regierungsentwurfs zu §111 BetrVG 1972. Die Begriffe „Maßnahme“ und „Betriebsänderung“ werden auch in der Begründung der Regierungsvorlage[26] synonym verwandt.

Daraus ergibt sich, daß der Gesetzgeber nur ganz spezielle Fälle von Maßnahmen oder Betriebsänderungen erfassen wollte[27], weil nach seiner Ansicht das Regulativ der Ausnahme bei vorübergehenden Schwankungen der Beschäftigungsmöglichkeiten nötig gewesen wäre, auf das er wegen dessen Unbestimmtheit verzichten wollte. Also mußte er auch die Generalklausel als eigenständigen Tatbestand streichen.

Als weiteren Grund für die Ansicht einer abschließenden Regelung spricht auch, daß der Gesetzgeber im Vergleich zu §72 BetrVG 1952 die Änderung der Betriebsorganisation und die Einführung neuer Fertigungsverfahren in §111 S. 2 BetrVG 1972 eingefügt hat. Dies wäre nicht nötig gewesen, wenn diese Sachverhalte ohnehin der Mitbestimmung nach der Generalklausel unterlegen hätten.

Auch in §112a Abs. 1 BetrVG 1972 wird nicht auf Betriebsänderung im Sinne des §111 S. 1 BetrVG 1972 Bezug genommen, sondern es wird auf den

---

[25] BT-Dr. VI/Begr. zu Nr. 2729 S. 8 f.

[26] BT-Dr. VI/Begr. zu Nr. 1786 S. 54 zu §111.

[27] Dietz/Richardi §111 BetrVG 1972 Rn. 18f; Richardi NZA 1984, 179; LAG v. 14.8.1973 Düss. DB 1973, 2453; Hanau ZfA 1974, 89, 93.

Einzeltatbestand des §111 S. 2 Nr. 1 BetrVG 1972 verwiesen. Dies zeigt, daß der Gesetzgeber selbst von den Einzeltatbeständen ausgeht.

Abgesehen davon spricht eine Vermutung dann für eine abschließende Regelung, wenn der Gesetzgeber jeweils eine bis ins einzelne gehende detaillierte Aufzählung verschiedenster Sachverhalte regelt, so daß eine darüber hinausgehende Anwendbarkeit praktisch kaum denkbar ist. So ist auch die Argumentation in der Literatur[28] zu verstehen, es seien kaum weitere Fälle denkbar.

cc) Erwägungen der Rechtssicherheit und Praktikabilität

Nicht zuletzt sprechen Gründe der Rechtssicherheit und Praktikabilität für die hier vertretene Auffassung[29].

Zu Recht wird darauf hingewiesen[30], daß der Begriff „Betriebsänderung" sehr vage ist und kaum einer in der Praxis handhabbaren Definition zugänglich ist. So wird z. B. versucht, Betriebsänderung als „Umgestaltung des typischen Erscheinungsbildes des Betriebs" zu definieren[31]. Diese Auslegung trägt kaum zur begrifflichen Klärung bei, da die Worte „typisch" und „Erscheinungsbild" selbst wieder auslegungsbedürftig sind. Ein unbestimmter Rechtsbegriff wird hier nur durch einen anderen ersetzt. Teilweise wird „Betriebsänderung" auch so umschrieben, daß die einzelnen Merkmale des §111 S. 2 BetrVG 1972 aufgezählt werden. So sei Betriebsänderung jede Änderung der betrieblichen Organisation (das entspricht Nr. 4), der Struktur (gleich Organisation), des Tätigkeitsbereichs (entspricht Zweck nach Nr. 4), der Arbeitsweise (entspricht Fertigungsverfahren nach Nr. 5), der Fertigung, des Standorts (entspricht der Regelung der Nr. 2) und dergleichen[32].

Wegen der Rechtsfolgen ist es jedoch wichtig, daß die Tatbestandsvoraussetzungen klar festliegen. Ein Verstoß gegen §111 BetrVG 1972 kann einen Nachteilsausgleich gem. §113 Abs. 3 BetrVG 1972 oder sogar eine Geldbuße gem. §121 Abs. 1 BetrVG 1972 zur Folge haben. Allein diese Sanktionen beschränken die unternehmerische Gestaltungsfreiheit. Auf der anderen Seite kann eine Einschränkung schon allein in dem gem. §112 Abs. 2 BetrVG 1972 notwendigen Verfahren liegen[33], das eventuell mit dem Ergebnis enden

[28] Z. B. Kaven, Das Recht des Sozialplans S. 30.

[29] So auch Galperin/Löwisch §111 BetrVG 1972 Rn. 19; Hunold BB 1975, 1439, 1440; Vogt a.a.O. S. 46; Dietz §72 BetrVG 1952 Rn. 6.

[30] Galperin/Löwisch §111 BetrVG 1972 Rn. 19.

[31] Fabricius/Kraft/Thiele/Wiese §111 BetrVG 1972 Rn. 163 .

[32] Fitting/Auffarth/Kaiser/Heither §111 BetrVG 1972 Rn. 7; Gnade/Kehrmann/Schneider/Blanke §111 BetrVG 1972 Rn. 7.

[33] So auch Hunold BB 1975, 1439, 1440; Dietz §72 BetrVG 1952 Rn. 6.

kann, daß ein Mitbestimmungsrecht des Betriebsrats nicht besteht. Ein vorsorglich eingeleitetes Verfahren durch den Arbeitgeber würde zu einer Verzögerung seiner Entscheidung führen können. Das Prinzip der Rechtssicherheit gewinnt dadurch zusätzlich an Bedeutung, als Betriebsänderungen häufig vorkommen und es deswegen nötig ist, sich an klare Normen halten zu können, vor allem wenn man bedenkt, daß bei kleinen Betrieben der Arbeitgeber in rechtlichen Dingen oftmals nicht genügend fachkundig sein wird.

Dem Gesetzgeber ist es zwar nicht verwehrt, Generalklauseln oder unbestimmte Rechtsbegriffe zu verwenden[34], dies trifft sogar für Straftatbestände zu[35], dennoch gebietet das Prinzip der Rechtssicherheit, daß eine die Freiheit einschränkende Norm umso genauer präzisiert sein muß und somit leichter kalkulierbar sein muß, je mehr sie in die Freiheit des Einzelnen eingreift. Dies muß vor allem dann gelten, wenn der Tatbestand einer Ordnungswidrigkeit in Betracht kommt. Ob man einen Verstoß gegen den Bestimmtheitsgrundsatz mit der Folge der Nichtigkeit der Norm annehmen könnte, wenn man Satz 1 als eigenständigen Mitbestimmungstatbestand anerkennen würde, ist fraglich. Eine Norm ist dann noch bestimmbar, wenn die Klärung eines Begriffs durch die Rechtswissenschaft möglich ist[36]. Eine begriffliche Klärung ist jedoch bisher, wie oben ausgeführt, nicht geglückt und wohl auch deswegen nicht ernsthaft versucht worden, weil für die Generalklausel kaum ein praktischer Anwendungsbereich bleibt. Zwar würde die Sanktion der Nichtigkeit nach der Rechtsprechung des Bundesverfassungsgerichts wohl kaum eingreifen[37], trotzdem dient es der Rechtssicherheit und Praktikabilität, den Katalog des §111 S. 2 BetrVG 1972 als abschließende Regelung des Mitbestimmungsrechts in wirtschaftlichen Angelegenheiten zu betrachten, um den Unternehmer nicht schon wegen der Unsicherheit über mögliche Rechte des Betriebsrats weiter als nötig zu belasten.

Insgesamt muß man zu dem Ergebnis kommen, daß der Katalog des §111 S. 2 BetrVG die Mitbestimmung des Betriebsrats abschließend regelt.

---

[34] BVerfGE 3, 225, 243; 8, 274, 326; 21, 73, 79; 31, 255, 264; Maunz/Dürig/Herzog Art. 20 GG VII Rn. 63.

[35] BVerfGE 4, 352, 357; 11, 234, 237; 28, 175, 183; 32, 346, 364.

[36] BVerfGE 32, 346, 364.

[37] Vgl. Maunz/Dürig/Herzog Art. 20 GG VII Rn. 63 m.w. N. aus der Rechtsprechung.

c) Bedeutung für die Auslegung des Begriffs „Betriebszweck"

Die vorgehende Erkenntnis hat zur Folge, daß die Tatbestände des § 111 S. 2 BetrVG 1972 und damit auch der Begriff „Betriebszweck" extensiv auszulegen sind, was für eine möglichst genaue Bezeichnung des Produkts spricht. Wo die Grenzen der Präzisierung liegen, wird noch aufzuzeigen sein.

2. Bedeutung des Relativsatzes des § 111 S. 1 BetrVG 1972 im Rahmen der Tatbestände des Satzes 2

Nachdem erörtert wurde, daß der Relativsatz des § 111 S. 1 BetrVG 1972 keinen Auffangtatbestand darstellt, erhebt sich zwangsläufig die schon angesprochene Frage nach dessen Bedeutung.

a) Lösungsmöglichkeiten

Ein Teil der Literatur ist der Auffassung, daß dessen Funktion darin liegt, daß die Voraussetzungen des Relativsatzes immer auch im Rahmen der Katalogtatbestände des Satzes 2 zu prüfen seien[38]. Auf der anderen Seite wird die Meinung vertreten, die Bedeutung des Relativsatzes erschöpfe sich darin, daß der Gesetzeszweck dort legal festgeschrieben sei, also nicht mehr als zusätzliches Tatbestandsmerkmal im Rahmen des Satzes 2 relevant ist[39]. Zum Teil wird auch davon ausgegangen, der Relativsatz sei zwar nicht gesondert zu prüfen, doch wenn von Anfang an die Möglichkeit wesentlicher Nachteile ausgeschlossen sei, komme ein Mitbestimmungsrecht nicht in Frage[40]. Als Beispiel dazu wird der Umzug eines Betriebs auf die andere Straßenseite angeführt. Der Konflikt wird auch auf der Ebene der Beweislast diskutiert. Bei den Tatbeständen des Satzes 2 spräche eine widerlegbare Vermutung für die möglichen wesentlichen Nachteile, während diese im Rahmen des Satzes 1 positiv festgestellt werden müßten[41]. Ohl ist der

---

[38] Galperin/Löwisch § 111 BetrVG 1972 Rn. 20; Hunold BB 1975, 1442; Maurer DB 1974, 2305, 2306; Reuter/Streckel, Grundfragen der betriebsverfassungsrechtlichen Mitbestimmung S. 58 (1972); Matthes DB 1972, 286.

[39] Dietz/Richardi § 111 BetrVG 1972 Rn. 2022; Fabricius/Kraft/Thiele/Wiese § 111 BetrVG 1972 Rn. 86; Fitting/Auffarth/Kaiser/Heither § 111 BetrVG 1972 Rn. 7; Gnade/Kehrmann/Schneider/Blanke § 111 BetrVG 1972 Rn. 10 f; Wlotzke § 111 BetrVG 1972 Anm. 3; Richardi Anm. zu AP Nr. 11 Bl. 4 f zu § 111 BetrVG; Becker-Schaffner BlStSozArbR 1976, 33; Rumpff, Mitbestimmung in wirtschaftlichen Angelegenheiten S. 230 ff.; Rumpff BB 1972, 325, 326 f.; Hanau ZfA 1974, 89, 92 f.; Kehrmann/Schneider BlStSozArbR 1972, 60, 63; Becker BlStSozArbR 1974, 54, 55; Richardi NZA 1984, 177, 178.

[40] Stege/Weinspach § 111 BetrVG 1972 Rn. 9; ders. Erg.bd. zu §§ 111-113 BetrVG 1972 Rn. 13.

Ansicht, die Fiktion gelte nur für die Pflicht zur Unterrichtung und Beratung des Betriebsrats. Bei der Mitwirkung bezüglich der Aufstellung des Sozialplans müßten die Voraussetzungen vollständig geprüft werden[42].

Die Rechtsprechung hat sich der Meinung angeschlossen, der Nachteilseintritt sei im Rahmen des §111 S. 2 BetrVG 1972 fingiert, brauche somit nicht gesondert geprüft zu werden[43].

b) Relevanz der Streitfrage

Bevor auf die Argumente näher eingegangen wird, ist von Interesse, welche Auswirkungen die unterschiedliche Beantwortung dieser Frage für den Mitbestimmungstatbestand der „grundlegenden Änderung des Betriebszwecks" hat.

Unterstellt man, §111 S. 2 BetrVG 1972 sei eine abschließende Regelung, behält der Relativsatz des Satzes 1 seine Bedeutung, weil der dort festgeschriebene Gesetzeszweck im Rahmen des unbestimmten Rechtsbegriffs „grundlegend" zur Auslegung entscheidend herangezogen werden muß, da wie später noch zu zeigen sein wird, dieses Tatbestandsmerkmal nur nach den Auswirkungen, also den wesentlichen Nachteilen zu Lasten der Belegschaft, sinnvoll interpretiert werden kann. Die Elemente des Relativsatzes kommen somit im Rahmen der Auslegung voll zum Tragen, so daß es für den hier zu behandelnden Mitbestimmungstatbestand nicht darauf ankommt, ob der Relativsatz ein eigenes Tatbestandsmerkmal ist oder nicht. Daß der vorliegende Streit für andere Mitbestimmungstatbestände, vor allem für diese, die den Begriff „grundlegend" nicht enthalten, relevant sein kann, ist im Rahmen dieser Arbeit nicht von Interesse. Die Problematik ist allenfalls von theoretischer Bedeutung bzw. maßgebend für die Beantwortung der Frage, an welcher Stelle systematisch die Erörterung der wesentlichen Nachteile zu erfolgen hat.

c) Argumente der Literatur und Rechtsprechung

Im Folgenden soll deshalb nur kurz auf die Argumente der Literatur und Rechtsprechung eingegangen werden.

---

[41] Hess/Schlochauer/Glaubitz §111 BetrVG 1972 Rn. 18; Hunold BB 1984, 2275, 2281.

[42] Ohl, Der Sozialplan S. 34ff. (1977).

[43] BAG v. 26.10.1982 AP Nr. 10 Bl. 6; v. 17.8.1982 Nr. 11 Bl. 2 zu §111 BetrVG 1972; LAG Hamm v. 30.8.1973 DB 1973, 2250.

aa) § 111 S. 1 BetrVG 1972 als eigenständiges Tatbestandsmerkmal

Die Auffassung, der Relativsatz des Satzes 1 müsse immer gesondert geprüft werden, wird damit begründet, wegen des Zwecks des § 111 BetrVG 1972, nämlich Schutz der Arbeitnehmer vor wirtschaftlichen Nachteilen, liege das Schwergewicht des Mitbestimmungsrechts bei der Aufstellung des Sozialplans. Es sei somit ein Gebot der Rechtssicherheit, das Mitbestimmungsrecht tatbestandlich von dem Vorliegen wesentlicher Nachteile abhängig zu machen[44]. Außerdem wird eingewandt, ein Interessenausgleich ohne Gefahr von Nachteilen sei nicht denkbar, da dort ja gerade diese in die Güterabwägung einbezogen werden müßten. Ebenso sei ein Sozialplan begrifflich ausgeschlossen, wenn der zu regelnde Gegenstand, nämlich Ausgleich von Nachteilen, fehle[45]. Abgesehen davon sei es sinnlos, das oftmals umständliche und langwierige Verfahren des § 112 Abs. 2 BetrVG 1972 von Anfang an ohne einen zu regelnden Gegenstand durchzuführen[46]. Außerdem könne der Unternehmer die Betriebsänderung so planen, daß keine Nachteile einträten[47]. Matthes meint, aus der Regelung des § 112 BetrVG 1972 folge, daß nur diejenigen Betriebsänderungen der Mitbestimmung unterlägen, deren Folgen wesentliche Nachteile zu Lasten der Arbeitnehmer wären[48]. Schließlich wird eingewandt, da § 111 S. 2 BetrVG 1972 praktisch alle Fälle von Betriebsänderungen regle, wäre der Relativsatz des Satzes 1 überflüssig[49].

Die angeführten Argumente können nicht überzeugen. Schon der Ansatz von Matthes, im Rahmen des Sozialplans seien nur wesentliche Nachteile zu berücksichtigen, entspricht nicht dem Wortlaut des § 112 Abs. 1 S. 2, Abs. 5 S. 2 Nr. 1 BetrVG 1972 und dem Sinn dieser Vorschrift[50]. Im Rahmen des Sozialplans sollen alle nachteiligen Folgen zu Lasten der Belegschaft Berücksichtigung finden, ansonsten wäre die Regelungsmöglichkeit der Sozialpartner bzw. der Einigungsstelle stark vermindert.

Aber auch die Befürchtungen, es könne ein Verfahren nach § 112 BetrVG 1972 durchgeführt werden, ohne einen zu regelnden Gegenstand zu haben, bzw. ein Interessenausgleich oder Sozialplan sei ohne Nachteil zu Lasten der

---

[44] Hunold BB 1975, 1439, 1442.

[45] Hunold BB 1975, 1439, 1442; Hunold BB 1984, 2275, 2279 f.; Matthes DB 1972, 286.

[46] Hunold a. a. O.

[47] Galperin / Löwisch § 111 BetrVG Rn. 20.

[48] Matthes DB 1972, 286.

[49] Mayer-Maly SAE 1970, 164, 165; Reuter / Streckel S. 58; Matthes DB 1972, 286.

[50] So auch Becker-Schaffner BlStSozArbR 1976, 33; Hanau ZfA 1974, 89, 92.

Beschäftigten nicht denkbar, können nicht geteilt werden. Die Prämisse ist zwar richtig, doch kann dieser Fall bei richtiger Auslegung der Tatbestände des §111 S. 2 Nr. 1-5 BetrVG 1972 gar nicht eintreten, denn bei der Interpretation dieser Begriffe ist der Gesetzeszweck, der in Satz 1 festgeschrieben ist, zu berücksichtigen. Selbst wenn im Einzelfall nach dem möglicherweise zu weiten Wortlaut eine Betriebsänderung nach Satz 2 vorläge, obwohl eine Nachteilsgefahr zu Lasten der Belegschaft völlig ausgeschlossen ist, müßte der jeweilige Tatbestand der Nr. 1-5 entsprechend dem Gesetzeszweck einschränkend ausgelegt werden, so daß der entsprechende Fall eben keine Betriebsänderung im Sinne des §111 BetrVG 1972 ist. Dies ist der methodisch zulässige Weg einer teleologischen Reduktion[51], der immer dann gegeben ist, wenn der Wortlaut einer Vorschrift Fälle erfaßt, die nach dem Zweck des Gesetzes ausgeschlossen sein sollen. Der Grund der teleologischen Reduktion ist darin zu sehen, daß das Gebot der Gerechtigkeit es vorschreibt, ungleiche Sachverhalte auch ungleich zu behandeln[52]. Ob die Tatbestände ungleich sind, bestimmt sich nach dem Zweck des Gesetzes. So hat der Gesetzgeber in §111 S. 1 BetrVG 1972 den Unterschied deutlich gemacht, ob eine Betriebsänderung Nachteile für die Belegschaft zur Folge hat oder nicht. Dieses Kriterium ist der sachliche Differenzierungsgrund für die Ungleichheit. Die Tatbestände des Satzes 2 tragen somit immanent die Voraussetzungen der Nachteilsgefahr für die Arbeitnehmer in sich und müssen somit in diesem Sinn verstanden werden. Gerade hier zeigt sich, daß bei richtiger Auslegung die Streitfrage obsolet ist. So ist z. B. der Wechsel eines Betriebs von einer Straßenseite auf die andere bei richtiger Interpretation dann keine Verlegung, wenn von vorneherein Nachteile für die Belegschaft ausgeschlossen sind[53]. Der Einwand, der Zweck des Gesetzes würde nicht berücksichtigt, trifft somit nicht zu.

bb) §111 S. 1 BetrVG 1972 kein eigenständiges Tatbestandsmerkmal bei Unterrichtungs- und Beratungspflicht

Ohl begründet seine Ansicht, die Fiktion gelte nur für die Unterrichtungs- und Beratungspflicht, nicht bei der Aufstellung des Sozialplans bzw. des Verfahrens zur Herbeiführung eines Interessenausgleichs, eine darüber hinausgehende Fiktion sei deswegen nicht notwendig, weil §111 BetrVG 1972 bezwecke, den Betriebsrat bei Betriebsänderungen möglichst frühzeitig

---

[51] Larenz, Methodenlehre der Rechtswissenschaft S. 375 f.

[52] So auch Larenz a. a. O. S. 376.

[53] So im Ergebnis auch Stege/Weinspach §111 BetrVG 1972 Rn. 9; ders. Erg.bd. §§111-113 Rn. 13; Verlegung wird als eine ins Gewicht fallende örtliche Veränderung definiert, vgl. Dietz/Richardi §111 BetrVG 1972 Rn. 50 m.w. N.

einzuschalten und somit der Tatbestand klar umrissen sein muß. Im Gegensatz dazu könne ein Sozialplan auch sinnvoll nach der Betriebsänderung durchgeführt werden. Dann seien aber die eingetretenen Nachteile zu sehen und eine Prognose nicht mehr nötig[54], deswegen auch sei die Fiktion entbehrlich.

Dem ist entgegenzuhalten, daß erstens die beste Möglichkeit, Nachteile für die Belegschaft schon in der Planungsphase einer Betriebsänderung zu ergründen, das Verfahren zur Durchführung des Interessenausgleichs und Sozialplans ist. Zweitens geht §112 BetrVG 1972 davon aus, daß sowohl Interessenausgleich als auch Sozialplan vor der *geplanten* Betriebsänderung durchzuführen sind.

cc) §111 S. 1 BetrVG 1972 als Legaldefinition des Gesetzeszwecks

Die h. M. in der Literatur und die Rechtsprechung verzichten auf eine zusätzliche Prüfung der Voraussetzungen des Relativsatzes im Rahmen des §111 S. 2 BetrVG 1972. Zur Begründung wird zum einen auf den Wortlaut des Satzes 2 verwiesen. Die Fiktion beziehe sich nicht nur auf das Wort „Betriebsänderung“, sondern vor allem auf den Relativsatz des Satzes 1[55]. Auch die Gesetzgebungsgeschichte belege eindeutig diese Auffassung. Der Gesetzgeber habe an der Regelung des §72 BetrVG 1952 in dem Bewußtsein festgehalten, daß das Bundesarbeitsgericht[56] schon damals der Auffassung war, die Nachteilsgefahr brauche nicht gesondert geprüft zu werden. Daraus ergäbe sich, daß der Gesetzgeber diese Auslegung übernehmen wollte[57]. Der Gesetzgeber beabsichtigte aus Gründen der Rechtssicherheit die Mitbestimmung an bestimmte Formen von Betriebsänderungen zu knüpfen. Diesem Ziel widerspräche es, die Voraussetzung einer Nachteilsgefahr als zusätzliches Tatbestandsmerkmal zu verlangen[58].

---

[54] Ohl, Der Sozialplan S. 37 (1977).

[55] BAG v. 17.8.1982 AP Nr. 11 Bl. 2, 3 zu §111 BetrVG 1972; Fabricius/Kraft/Thiele/Wiese §111 BetrVG 1972 Rn. 86; Fitting/Auffarth/Kaiser/Heither §111 BetrVG 1972 Rn. 7; Gnade/Kehrmann/Schneider/Blanke §111 BetrVG 1972 Rn. 11; Rumpff BB 1972, 325, 326; Rumpff, Mitbestimmung in wirtschaftlichen Angelegenheiten S. 230; Schlüter SAE 1973, 75, 76; Kehrmann/Schneider BlStSozArbR 1972, 60, 63.

[56] Vgl. BAG v. 10.6.1969 AP Nr. 6 Bl. 2; v. 29.2.1972 Nr. 9 Bl. 3 zu §72 BetrVG 1952.

[57] BAG v. 17.8.1982 AP Nr. 11 Bl. 3 zu §111 BetrVG 1972 mit Anm. Richardi Bl. 5; Schlüter SAE 1973, 75, 76.

[58] BAG v. 17.8.1982 AP Nr. 11 Bl. 3 zu §111 BetrVG 1972 mit Anm. Richardi Bl. 5; Dietz/Richardi §111 BetrVG 1972 Rn. 22; Gnade/Kehrmann/Schneider/Blanke §111 BetrVG 1972 Rn. 11; Fabricius/Kraft/Thiele/Wiese §111 BetrVG 1972 Rn. 86; Richardi NZA 1984, 177, 179; Rumpff a. a. O. S. 234; Schlüter SAE 1973, 75, 76.

d) Stellungnahme

Dieser Auffassung muß gefolgt werden.

aa) Grammatikalische Auslegung

Schon der Wortlaut des §111 S. 2 BetrVG 1972 spricht dafür, daß eine unwiderlegbare Vermutung für den Nachteilseintritt vorliegt. Wie bereits ausgeführt (s.o. B I 1 a aa), drückt das Wort „gelten" eher eine definitorische Fiktion aus. Diese bezieht sich nach der Satzstellung nicht nur auf „Betriebsänderungen", sondern auch auf den Relativsatz des Satzes 1[59]. Der Einwand, es handle sich dabei nur um eine widerlegbare Vermutung und somit letztlich um eine Beweislastregel und um keine Fiktion, weil im Katalog des Satzes 2 typische Fälle geregelt seien, in denen Nachteile für die Arbeitnehmer zu erwarten seien[60], das Wesen einer Fiktion jedoch darin liege, daß die Rechtsfolge gerade auf Fälle erstreckt wird, in denen die Tatbestandsvoraussetzungen des Relativsatzes des Satzes 1 gerade nicht gegeben seien, kann nicht überzeugen. Diese Ansicht verkennt, daß es auch gesetzesinterpretierende Fiktionen gibt, mit deren Hilfe ein unbestimmter Rechtsbegriff für die Praxis handhabbar gemacht wird. Diese Fiktion kann sowohl den Wortlaut des unbestimmten Rechtsbegriffs erweitern als auch einschränken. Daß somit in Satz 2 gerade typische Fälle von Betriebsänderungen, die wesentliche Nachteile für die Belegschaft haben können, geregelt sind, spricht nicht gegen eine Fiktion. Hätte der Gesetzgeber eine widerlegbare Vermutung ausdrücken wollen, hätte er sich einer Formulierung wie z. B. im Falle der §§891, 1006 BGB bedienen können.

bb) Historische Auslegung

Entscheidend für die hier vertretene Ansicht spricht die historische Auslegung der Vorschrift[61].

---

[59] So auch das Bundesarbeitsgericht und Teile der Literatur: BAG v.17.8.1982 AP Nr. 11 Bl. 2, 3 zu § 111 BetrVG 1972; Fabricius/Kraft/Thiele/Wiese § 111 BetrVG 1972 Rn. 86; Fitting/Auffarth/Kaiser/Heither § 111 BetrVG 1972 Rn. 7; Gnade/Kehrmann/Schneider/Blanke § 111 BetrVG 1972 Rn. 11; Rumpff BB 1972, 325, 326; Rumpff, Mitbestimmung in wirtschaftlichen Angelegenheiten S. 230; Schlüter SAE 1973, 75, 76; Kehrmann/Schneider BlStSozArbR 1972, 60, 63.

[60] So aber Hess/Schlochauer/Glaubitz § 111 BetrVG 1972 Rn. 18.

[61] BAG v. 17.8.1982 AP Nr. 11 Bl. 3 zu § 111 BetrVG 1972 mit Anm. Richardi Bl. 5; Schlüter SAE 1973, 75, 76.

Der Gesetzgeber hat entgegen eines anderslautenden Regierungsentwurfs[62] ausdrücklich an die Vorschrift des §72 BetrVG 1952 angeknüpft[63]. Zwar bestand auch schon für diese Vorschrift die hier aufgeworfene Streitfrage[64], das Bundesarbeitsgericht hat diese jedoch eindeutig im Sinne der hier vertretenen Auffassung entschieden[65]. Hätte der Gesetzgeber diese Meinung nicht gebilligt, hätte er die Vorschrift anders fassen können. Die hier vertretene Interpretation ist auch im Sinne des damaligen Gesetzgebers, der aus Gründen der Rechtssicherheit und Praktikabilität an einem Katalog fest umschriebener Tatbestände festhalten wollte.

e) Zusammenfassung

Insgesamt spricht somit mehr für die Auffassung, daß §111 S. 1 BetrVG 1972 kein eigenständiges Tatbestandsmerkmal ist, sondern daß dort der Gesetzeszweck definiert ist und so im Rahmen der Auslegung unbestimmter Rechtsbegriffe relevant wird.

II. Betriebszweck

1. Betriebsbegriff

Für die Definition des „Betriebszwecks" ist als erstes auf den Betriebsbegriff im Sinne des §111 BetrVG 1972 einzugehen. Es gibt keinen einheitlichen Betriebsbegriff des Arbeitsrechts[1], sondern dieser richtet sich nach dem Zweck des jeweiligen anzuwendenden Gesetzes. Der Betriebsbegriff im Betriebsverfassungsgesetz hat die Funktion, eine Einheit festzulegen, in der typische mitbestimmungspflichtige Maßnahmen auf dem Gebiet der sozialen, personellen und wirtschaftlichen Angelegenheiten sinnvoll geregelt werden können und somit eine sachgerechte Betreuung der Arbeitnehmer möglich ist[2].

---

[62] BT-Dr. VI/1786 S.23f.

[63] BT-Dr. VI/2729 S.51 ff; BT-Dr. VI Begr. zu Nr. 2729 S.8, 32; BT-Sten. Ber. VI Bd. 77 S.8591.

[64] Vgl. Dietz §72 BetrVG 1952 Rn.9 m.w. N.; Nikisch, Arbeitsrecht 3. Bd. S.522 m.w. N. (2. Auflage 1966); Kreutz BlStSozArbR 1971, 209, 211; Mayer-Maly SAE1970, 164.

[65] BAG v.10.6.1969 AP Nr.6 Bl.2; v.29.2.1972 Nr.9 Bl.3 zu §72 BetrVG 1952.

[1] BAG v.22.5.1979 AP Nr.3 zu §111 BetrVG 1972.

[2] Fabricius/Kraft/Thiele/Wiese §4 BetrVG 1972 Rn.5; Fitting/Auffarth/Kaiser/Heither §1 BetrVG 1972 Rn.38; Hess/Schlochauer/Glaubitz §1 BetrVG 1972 Rn.2; Galperin/Löwisch §1 BetrVG 1972 Rn.5.

Der Betriebsbegriff, der weder im Betriebsverfassungsgesetz 1952 noch in dem von 1972 gesetzlich definiert ist, wurde zuerst von Jakobi interpretiert. Dieser hat den Betrieb als „Vereinigung von persönlichen, sächlichen und immateriellen Mitteln zur fortgesetzten Verfolgung eines von einem oder von mehreren Rechtssubjekten gemeinsam gesetzten Zwecks" verstanden[3]. Ganz überwiegend wird heute Betrieb im Sinne des Betriebsverfassungsgesetzes als „organisatorische Einheit, innerhalb derer ein Arbeitgeber allein oder mit seinen Arbeitnehmern mit Hilfe von technischen und immateriellen Mitteln bestimmte arbeitstechnische Zwecke fortgesetzt verfolgt, die sich nicht in der Befriedigung von Eigenbedarf erschöpfen" ausgelegt[4].

Umstritten ist, ob die Arbeitnehmer zum Betrieb gezählt werden oder nicht. Die Frage soll hier nur kurz gestreift werden, da es für die Definition des Betriebszwecks nur darauf ankommt, auf welche Organisationseinheit der Zweck zu beziehen ist. Dazu ist jedoch nur eine räumliche Abgrenzung nötig. Die Problematik wurde allenfalls im Rahmen des Mitbestimmungstatbestands der Betriebseinschränkung im Sinne des §111 S. 2 Nr. 1 BetrVG 1972 relevant, nämlich ob der bloße Personalabbau eine solche darstellt. Der Gesetzgeber hat diese Frage durch Einfügung des §112 a BetrVG 1972 weitgehend entschärft.

Bulla[5] ist der Ansicht, die Arbeitnehmer zählten nicht zum Betriebsbegriff und verweist dabei auf die allgemein anerkannte Definition des Betriebs (s.o.), die im Gegensatz zu der von Jakobi keine Gleichstellung der sächlichen und immateriellen Betriebsmittel mit den persönlichen vorsähe. Dieser Begründung kann nicht gefolgt werden[6]. Im Gegensatz zur Formulierung Jakobis wird nur die sprachliche Gleichstellung der Arbeitnehmer mit sächlichen Betriebsmitteln vermieden, ohne daß damit gleichzeitig eine qualitative Abweichung vom bisherigen Betriebsbegriff gewollt war. Bulla begründet seine Ansicht außerdem mit der Vorschrift des §613a BGB, die davon ausgehe, daß die Arbeitnehmer nicht zum Betriebsbegriff zählten[7]. Wegen der Übergangsvorschrift des §122 BetrVG 1972 sieht er für §613a BGB einen betriebsverfassungsrechtlichen Zusammenhang und meint somit,

---

[3] Jakobi, Betrieb und Unternehmen als Rechtsbegriff, Festschrift Ehrenberg S.9 (1926).

[4] BAG v.24.9.1968 AP Nr.9 Bl.2 zu §3 BetrVG 1952; v.24.2.1976 AP Nr.2 Bl.2 zu §4 BetrVG 1972; v.22.5.1979 AP Nr.3 zu §111 BetrVG 1972; Dietz/Richardi §1 BetrVG 1972 Rn.52 m.w. N. aus der Literatur; zum Ganzen eingehend Joost, Betrieb und Unternehmen als Grundbegriffe im Arbeitsrecht (1988) S.75ff.

[5] Bulla RdA 1976, 233, 236.

[6] So auch BAG v.22.5.1979 AP Nr.3 zu §111 BetrVG 1972; a. A. Bulla RdA 1976, 233, 236.

[7] Bulla a.a.O. S.236 f.

innerhalb beider Gesetze den Betriebsbegriff gleich auslegen zu müssen. Dem ist zu entgegnen, daß § 613a BGB allein wegen der Übergangsvorschrift im Betriebsverfassungsgesetz nicht zu einer betriebsverfassungsrechtlichen Norm wird. Dem widersprechen zum einen systematische Gründe[8]. Zum anderen wollte der Gesetzgeber das Problem des Betriebsübergangs gerade auf individualarbeitsrechtlicher Ebene lösen[9]. Der Betriebsbegriff des § 613a BGB kann somit nicht zur Auslegung desjenigen des Betriebsverfassungsgesetzes herangezogen werden.

Überwiegend wird die entgegengesetzte Auffassung vertreten[10], die unter anderem damit begründet wird, daß es zwar Betriebe ohne Arbeitnehmer gäbe, diese jedoch für das Betriebsverfassungsgesetz bedeutungslos seien. Wenn aber mit „Betrieb" nur die Zusammenfassung von sächlichen und immateriellen Mitteln gemeint sei, so dürfte das Gesetz nicht „Betriebsverfassungsgesetz" sondern „Gesetz über die Verfassung der Betriebsgemeinschaft" heißen. Außerdem zeigten auch die übrigen Tatbestände des § 111 S. 2 BetrVG 1972, daß die Belegschaft mit in den Betriebsbegriff einbezogen sei, da z. B. eine Änderung der Betriebsorganisation auch dann vorliegen kann, wenn die Organisationsschichtung der Arbeitnehmerschaft umgestaltet wird[11]. Außerdem wird darauf verwiesen, daß das Betriebsverfassungsgesetz selbst durch Formulierungen wie in § 111 S. 1 „in Betrieben mit ... 20 Arbeitnehmern" davon ausgehe, daß die Arbeitnehmer zum Betriebsbegriff zählten[12].

Dieser Meinung ist allein wegen der Bedeutung der Arbeitnehmer für das Betriebsverfassungsgesetz der Vorzug zu geben. Oben wurde bereits ausgeführt, daß das Betriebsverfassungsgesetz das Ziel verfolgt, eine sachgerechte Betreuung der Arbeitnehmer in mitbestimmungspflichtigen Angelegenheiten zu gewährleisten. Diesen kommt somit als Begünstigte eine wesentliche Rolle zu. Es ist in Anbetracht dieser Tatsache kein Grund ersichtlich, die Belegschaftsangehörigen aus dem für das Betriebsverfassungsgesetz zentralen Betriebsbegriff herauszunehmen. Abgesehen davon hat der Gesetzgeber nicht zuletzt durch die Vorschrift des § 112a BetrVG 1972 zu erkennen gegeben, daß er die Arbeitnehmer als zum Betrieb gehörend angesehen hat.

---

[8] So auch BAG v. 22.5.1979 AP Nr. 3 Bl. 3 zu § 111 BetrVG 1972.

[9] Vgl. Dietz/Richardi § 111 BetrVG 1972 Rn. 84 m.w. N.

[10] BAG v. 22.5.1979 AP Nr. 3 zu § 111 BetrVG 1972; Hess/Schlochauer/Glaubitz § 1 BetrVG Rn. 2; Fabricius/Kraft/Thiele/Wiese § 111 BetrVG 1972 Rn. 92ff.

[11] BAG v. 22.5.1979 AP Nr. 3 Bl. 2f zu § 111 BetrVG 1972 m.w. N.

[12] Fabricius/Kraft/Thiele/Wiese § 111 BetrVG 1972 Rn. 95 mit weiteren Beispielen.

Der Meinungsstreit soll nicht weiter vertieft werden, da es im Rahmen dieser Arbeit für den Betriebsbegriff allein entscheidend ist, daß eine organisatorische Einheit vorliegen muß, die einen oder mehrere arbeitstechnische Zwecke verfolgt. Auf welchen Zweck sie gerichtet ist oder wie der Zweck anschließend zu definieren sein wird, ist zunächst nicht wichtig, da für die Auslegung des Begriffs „Betrieb“ kein bestimmter Zweck vorliegen muß[13].

Bei der Anwendung des Betriebsbegriffs ist im übrigen die Vorschrift des §4 BetrVG 1972 zu beachten, auf die hier jedoch nicht näher eingegangen wird.

2. Arbeitstechnischer oder wirtschaftlicher Zweck

Bei der Auslegung des Begriffs „Betriebs*zweck*“ ist zuerst zu klären, ob darunter ein arbeitstechnischer oder ein wirtschaftlicher zu verstehen ist.

a) Stellungnahme der Literatur und Rechtsprechung

In der Literatur ist man sich weitgehend einig, daß dem §111 S. 2 Nr. 4 BetrVG 1972 ein arbeitstechnischer Zweckbegriff zugrunde zu legen ist. Teilweise wird dies ausdrücklich bejaht[14], im übrigen als selbstverständlich vorausgesetzt[15], indem als Beispiel die völlige Umstellung der Produktion genannt wird. Das Bundesarbeitsgericht hat sich dieser Meinung angeschlossen[16]. Im Gegensatz dazu hat das Landesarbeitsgericht Niedersachsen die Ansicht geäußert, es komme auf das wirtschaftliche Ziel des Betriebs an[17]. Im selben Sinn will Hess[18] den Betriebszweck verstanden wissen, der dazu

---

[13] Dietz/Richardi §1 BetrVG 1972 Rn.59.

[14] Dietz/Richardi §111 BetrVG 1972 Rn.63; Fitting/Auffarth/Kaiser/Heither §106 BetrVG 1972 Rn.23; Galperin/Löwisch §111 BetrVG 1972 Rn.30a, §106 BetrVG 1972 Rn.70; Wlotzke §111 BetrVG 1972 Anm.3d; Löwisch §106 BetrVG 1972 Rn.18; Kaven, Das Recht des Sozialplans S.40; Vogt, Sozialplan in der betrieblichen Praxis S. 61f.; zur alten Fassung des § 72 BetrVG 1952: Hueck/Nipperdey, Lehrbuch des Arbeitsrechts Bd. 2, 2. Halbbd. S. 1475 (7. Auflage); Fitting/Kraegeloh/Auffarth § 72 BetrVG 1952 Rn. 20 (9. Auflage 1970); Nikisch, Arbeitsrecht S. 526f. (2. Auflage 1966); Schaub, Arbeitsrechts-Handbuch (6. Auflage 1987) S. 1575, § 244 II 6.

[15] Fabricius/Kraft/Thiele/Wiese §111 BetrVG 1972 Rn.157; Gnade/Kehrmann/Schneider/Blanke §111 BetrVG 1972 Rn.29.

[16] BAG v.17.2.1981 AP Nr.9 zu §111 BetrVG 1972; BAG v.17.12.1985 AP Nr.15 Bl.2 zu §111 BetrVG 1972.

[17] LAG Niedersachsen v.10.5.1983 Az. 12 Ta BV 9/82 als Vorinstanz zu BAG v.17.12.1985 AP Nr.15 zu §111 BetrVG 1972.

[18] Hess/Schlochauer/Glaubitz §111 BetrVG 1972 Rn.66.

jedoch als Beispiel die völlige Umstellung der Produktion nennt. Dies spricht allerdings dafür, daß auch Hess eigentlich von einem arbeitstechnischen Zweck ausgeht.

b) Begriffliche Klärung

Bevor diese Frage entschieden werden kann, ist somit eine begriffliche Klärung unbedingt notwendig.

Der arbeitstechnische Zweck beinhaltet das Produkt bzw. die Dienstleistung, welche bei einem Arbeitsvorgang entstehen soll. Der *wirtschaftliche* Zweck ist hingegen auf ein betriebswirtschaftliches Ziel gerichtet. In den meisten Fällen dürfte dieses Gewinnerzielungsabsicht sein. Möglich sind aber auch ideelle Zwecke oder das Ziel einer rein unterstützenden Tätigkeit entweder des Betriebs für das Unternehmen oder eines Unternehmens für ein anderes desselben Konzerns. Bei letztem ist der Zweck selbst bei erwirtschafteten Verlusten nicht ideell, sondern er dient letztlich dem Gewinn eines anderen Unternehmens.

Der Begriff „wirtschaftlicher Zweck" ist somit ein Oberbegriff, auch wenn keine Gewinne erwirtschaftet werden sollen. Der arbeitstechnische Zweck ist hingegen immer ein betriebliches Mittel zur Verwirklichung des wirtschaftlichen Ziels.

c) Kritische Stellungnahme zur Entscheidung des Landesarbeitsgerichts Niedersachsen

Wie Hess in seinem Beispiel verdeutlicht, geht er in Wirklichkeit von einem arbeitstechnischen Zweck aus. Ähnlich ist die Meinung des Landesarbeitsgerichts Niedersachsen zu bewerten.

Das Gericht hatte in diesem Fall unter anderem zu entscheiden, ob eine Änderung des Betriebszwecks dann vorliegt, wenn in einem Spielcasino statt der ursprünglichen alleinigen Bereitstellung von Spielmöglichkeiten, die von Groupiers geleitet werden (Roulett, Baccarat, Blackjack) zusätzlich nicht von Angestellten direkt betreute Spielautomaten angeboten werden, was zur Folge hätte, daß sich die summenmäßig gleichbleibenden Trinkgelder auf eine größere Belegschaft verteilen würden. Die Kammer führte dazu ohne weitere Begründung aus, *auch der Betriebszweck werde nicht verändert, weil der bisherige Gegenstand des Betriebs, sein wirtschaftliches Ziel, nämlich die Zurverfügungstellung diverser Glücksspielmöglichkeiten gegen Entgelt nicht geändert werde*[19]. Das Gericht trägt zwar durch die Formulierung „gegen Entgelt" einen wirtschaftlichen Aspekt vor, ohne jedoch dabei das wirt-

[19] LAG Niedersachsen v. 10.5.1983 Az. 12 Ta BV 9/82.

schaftliche Ziel der Gewinnerzielung ausdrücklich anzusprechen. Es wird im Grunde genommen nur die Gegenleistung innerhalb der Definition des arbeitstechnischen Zwecks ergänzt. Entgegen der eigenen Qualifizierung als wirtschaftlichen Zweck wird in Wahrheit die Dienstleistung, also das arbeitstechnische Ziel beschrieben, wobei dieses allerdings so grob umrissen wird (*diverse Glücksspielmöglichkeiten*), daß in dem konkreten Fall schon rein sprachlich keine Änderung des Betriebszwecks mehr vorliegen konnte. Das eigentliche Problem ist damit genau bei der für das Ergebnis dieses Mitbestimmungstatbestands wichtigen Vorfrage angesiedelt, wie der Betriebszweck zu präzisieren ist. Wirtschaftliche Aspekte, wie Leistung „gegen Entgelt", lenken nur von der eigentlichen Problematik ab.

In Wirklichkeit ist somit die Zugrundelegung eines arbeitstechnischen Zweckbegriffs tatsächlich einhellig anerkannt.

d) Begründung des arbeitstechnischen Zweckbegriffs

Die Zugrundelegung des arbeitstechnischen Zweckbegriffs ist auch die einzig sinnvolle Auslegung.

aa) Argument der Unterscheidung zwischen Betrieb und Unternehmen

Schon die Unterscheidung zwischen Betrieb und Unternehmen belegt eindeutig, daß im Rahmen des § 111 BetrVG 1972 nur ein arbeitstechnischer Zweck gemeint sein kann. Denn während der Betrieb als organisatorische Einheit, die auf einen arbeitstechnischen Zweck gerichtet ist (s.o. B II 1), definiert wird, sieht man das Unternehmen als Einheit an[20], die auf einen wirtschaftlichen oder ideellen Zweck abzielt.

Es sind keine Gründe ersichtlich, weswegen der Gesetzgeber unter Betriebszweck etwas anderes verstehen wollte, als den arbeitstechnischen Zweck, der dem Betriebsbegriff ohnehin schon zugrunde lag. Schließlich erfaßt § 111 BetrVG 1972 Betriebsänderungen, also Vorgänge innerhalb des Betriebs, wodurch dessen Erscheinungsbild beeinflußt wird. Der wirtschaftliche oder ideelle Zweckbegriff liegt jedoch auf Unternehmensebene, also außerhalb des Betriebs. Somit kann dessen Änderung auch keine Betriebsänderung im Sinne des Gesetzes darstellen.

---

[20] Fitting/Auffarth/Kaiser/Heither § 1 BetrVG 1972 Rn. 15; Galperin/Löwisch § 1 BetrVG 1972 Rn. 15; Fabricius/Kraft/Thiele/Wiese § 4 BetrVG 1972 Rn. 6; Dietz/Richardi § 1 BetrVG 1972 Rn. 52, 54 m.w. N.

bb) Gründe der Gesetzgebungsgeschichte

Anhaltspunkte aus der Gesetzgebungsgeschichte sprechen ebenfalls für diese Auslegung. Da der Gesetzgeber 1972 bezüglich der Mitbestimmung in wirtschaftlichen Angelegenheiten an das Betriebsverfassungsgesetz von 1952 ausdrücklich anknüpfen wollte[21], kann dessen Entstehungsgeschichte mit herangezogen werden.

Bereits der Regierungsentwurf zum Betriebsverfassungsgesetz 1952[22] enthielt einen Katalog von wirtschaftlichen Angelegenheiten, u.a. die Änderung des Betriebszwecks, für die ein Wirtschaftsausschuß bestimmte Kompetenzen haben sollte. In der Begründung dazu wurde ausgeführt, daß diese Tatbestände die Selbständigkeit und die Arbeitsleistung des Betriebs in einschneidender Weise unmittelbar beeinflussen können[23]. Dies kann bei Änderung des Betriebszwecks nur dann der Fall sein, wenn sich der Produktionsgegenstand, also der arbeitstechnische Zweck, ändert. Ein Wechsel bezüglich der wirtschaftlichen Ziele kann die konkrete Tätigkeit der Belegschaft allenfalls mittelbar beeinflussen, weil etwa auf Grund von Vorgaben des Marktes das Produkt geändert werden muß. Im selben Sinne geht der daran anschließende Ausschußbericht davon aus, daß der Betriebsrat nur für solche Angelegenheiten Mitbestimmungsrechte haben soll, die unmittelbare Auswirkungen auf die Existenz der Arbeitnehmer des Betriebs haben können[24]. Dadurch daß der Ausschuß die Änderung des Betriebszwecks der Mitbestimmung des Betriebsrats unterstellt hat, brachte er zum Ausdruck, daß er diese als die Arbeitnehmer unmittelbar beeinflussend qualifizierte[25].

Schließlich zeigt auch der in § 72 Abs. 1 Nr. 4 BetrVG 1952 einschränkende Halbsatz, wonach bei Änderung des Betriebszwecks ein Mitbestimmungsrecht dann nicht besteht, wenn diese offensichtlich auf einer Veränderung der Marktlage beruht, daß der Betriebszweck nur produktbezogen gemeint sein kann. Der Hinweis auf die Marktlage, also Absatzmöglichkeiten eines Produkts, macht dies deutlich.

---

[21] BT-Dr. VI/Begr. zu Nr. 2729 S. 32 zu § 111.

[22] BT-Dr. I/1546 S. 23 zu § 75.

[23] BT-Dr. I/1546 S. 59 zu § 75.

[24] BT-Dr. I/3585 S. 14.

[25] BT-Dr. I/3585 S. 32.

cc) Systematische Erwägungen

Auch der Normzusammenhang stützt dieses Ergebnis.

Die Überlegung, die Überschrift zu §§106ff BetrVG 1972, nämlich „*Wirtschaftliche Angelegenheiten*", spräche für einen wirtschaftlichen Zweckbegriff, sind nicht berechtigt. Wie die Zusammenstellung in §106 Abs. 3 BetrVG 1972 beispielhaft zeigt, hängen die unter diesem Abschnitt geregelten Tatbestände mit dem Erwirtschaften des Unternehmens oder des Betriebs zusammen und sind deshalb als wirtschaftliche Angelegenheiten anzusehen. Im Gegensatz zu personellen und sozialen Angelegenheiten sind dabei direkt die Produktion und eng damit verbundene Fragen mitbestimmungspflichtig geregelt.

§106 Abs. 3 Nr. 10 BetrVG 1972 bringt vielmehr zum Ausdruck, daß es sich bei dem Katalog des §106 Abs. 3 BetrVG 1972, der in vielen Punkten mit dem des §111 S. 2 BetrVG 1972 identisch ist, so auch in der Änderung des Betriebszwecks, um Vorgänge handelt, die die Interessen der Arbeitnehmer berühren können. Das sind jedoch unmittelbar nur solche, mit denen die Arbeitnehmer in Kontakt kommen, wie z.B. die Art oder das Ziel der Produktion. Die Gewinnerwartung des Unternehmers spielt für die Belegschaft jedoch keine Rolle. Sicher kann ein hoher Gewinn zu Investitionen und somit zu neuen Arbeitsplätzen führen oder auf Lohn- und Gehaltserhöhungen Einfluß haben. Dies sind aber allenfalls mittelbare Folgen, die den status quo des Betriebs nicht berühren. Die Möglichkeit eines Gewinns liegt im alleinigen Interesse des Unternehmers. Da die Arbeitnehmer davon nicht direkt betroffen sein können, besteht auch kein Bedürfnis nach betrieblicher Mitbestimmung.

Für einen arbeitstechnischen Zweckbegriff sprechen schließlich auch die anderen Tatbestände des §111 S. 2 BetrVG 1972. So werden in Nr. 4 Betriebszweck, Betriebsorganisation und Betriebsanlagen in Zusammenhang gesetzt, bzw. die Tatbestände gehen vielfach ineinander über[26]. Unter Betriebsorganisation wird das bestehende Ordnungsgefüge für die Verbindung von Betriebszweck, im Betrieb arbeitenden Menschen und Betriebsanlagen mit dem Ziel der Erfüllung der Betriebsaufgaben verstanden[27]. Erfüllung der Betriebsaufgaben ist aber gerade der arbeitstechnische Zweck[28]. Betriebsanlagen sind Gegenstände, die nicht zur Veräußerung bestimmt sind, sondern den arbeitstechnischen Produktions- und Leistungs-

---

[26] Fitting/Auffarth/Kaiser/Heither §111 BetrVG 1972 Rn.29.

[27] Galperin/Löwisch §106 BetrVG 1972 Rn. 68; Fitting/Auffarth/Kaiser/Heither §106 BetrVG 1972 Rn.23 m.w. N.

[28] Vgl. auch Dietz/Richardi §111 BetrVG 1972 Rn. 61.

prozeß gestalten[29]. Beide Tatbestandsmerkmale sind typische arbeitstechnische Begriffe. Daraus folgt zwingend, daß auch der Betriebszweck in diesem Sinn zu verstehen ist, sonst wäre der Zusammenhang der Vorschriften verfehlt. Auch Nr. 5, Arbeitsmethoden und Fertigungsverfahren, sind produktbezogene Begriffe, die sich zum einen mit der Organisation der menschlichen Arbeit, zum anderen mit den technischen Methoden in der Gestaltung der Produktionsgüter befassen[30]. Schließlich wird Stillegung im Sinne des §111 S. 2 Nr. 1 BetrVG 1972 als Aufgabe des Betriebszwecks und damit Auflösung der die Einheit des Betriebs gestaltenden Organisation definiert[31]. Auch hier kann es sinnvollerweise nur auf einen arbeitstechnischen Zweck ankommen[32].

Systematische Gründe legen es somit nahe, von einem arbeitstechnischen Zweck auszugehen.

dd) Aspekte des Normzwecks

Letztlich unterstreicht auch der Gesetzeszweck die hier gewonnene Auslegung.

§§111ff BetrVG 1972 haben das Ziel, die Arbeitsplätze und die soziale Stellung der Arbeitnehmer zu sichern[33] und damit diese vor wesentlichen Nachteilen zu schützen[34]. Solche können aber nur dort entstehen, wo die Arbeitnehmer unmittelbar betroffen sind. Dies ist, wie bereits oben ausgeführt (B II 2 d cc), nicht hinsichtlich des Gewinnstrebens des Unternehmers, sondern nur dort zu bejahen, wo die Tätigkeit der Arbeitnehmer direkt beeinflußt wird, also bei deren arbeitsvertraglich geschuldeter Leistung. Somit kann es für mögliche Nachteile nur auf den arbeitstechnischen Zweck, nach dem sich die Arbeitsleistung richtet, ankommen[35].

---

[29] Dietz/Richardi §111 BetrVG 1972 Rn.65; Fabricius/Kraft/Thiele/Wiese §111 BetrVG 1972 Rn.159.

[30] Dietz/Richardi §111 BetrVG 1972 Rn.71f.

[31] Dietz/Richardi §111 BetrVG 1972 Rn.26 m.w. N.

[32] Dietz/Richardi §111 BetrVG 1972 Rn.27.

[33] BAG v.22.5.1979 AP Nr.4, v.26.10.1982 Nr.10 Bl.5, v.17.8.1982 Nr.11 Bl.2 zu §111 BetrVG 1972; Galperin/Löwisch zu §111 BetrVG 1972 Rn.1; Gnade/Kehrmann/Schneider/Blanke §111 BetrVG 1972 Rn.1; Hanau ZfA 1974, 89, 93; Hunold BB 1975, 1439, 1442; Richardi Anm. zu BAG AP Nr.11 Bl.5f. zu §111 BetrVG; BT-Dr. VI/Begr. zu Nr.1786 S.54; BT-Sten. Ber. VI Bd.75 S.5807; Fitting/Auffarth/Kaiser/Heither § 111 BetrVG 1972 Rn.1.

[34] Fabricius/Kraft/Thiele/Wiese §111 BetrVG 1972 Rn.13.

[35] So auch Richardi Anm. zu BAG AP Nr.15 Bl.2f zu §111 BetrVG, der aber anscheinend eine Änderung des Betriebszwecks auch dann bejaht, wenn sich nur der wirtschaftliche Zweck ändert.

e) Problem der Betriebsaufspaltung

Die Frage, ob ein wirtschaftlicher oder arbeitstechnischer Zweckbegriff zugrunde zu legen ist, erhält u. a. praktische Relevanz bei der Lösung der in der Literatur oft behandelten Problematik, ob eine Betriebsaufspaltung in eine Besitz- und Produktionsgesellschaft eine Änderung des Betriebszwecks darstellt. Bei dieser Betriebsaufspaltung erhält die Besitzgesellschaft das Anlagevermögen, das diese an die Produktionsgesellschaft verpachtet. Die Arbeitnehmer werden hingegen in die Produktionsgesellschaft eingegliedert.

Das Problem soll hier nur unter dem Blickwinkel der Betriebszweckänderung beleuchtet werden. Ob daneben ein Mitbestimmungsrecht wegen Änderung der Betriebsorganisation oder eventuell unter analoger Anwendung des §111 S. 2 Nr. 3 BetrVG 1972 in Betracht kommt, kann hier dahingestellt bleiben.

Das Produktionsziel, d. h. also der arbeitstechnische Zweck ändert sich bei dieser Form der Betriebsaufspaltung nicht, so daß keine Änderung des Betriebszwecks vorliegt. Eine Änderung liegt allenfalls bezüglich des wirtschaftlichen Zwecks vor, weil das wirtschaftliche Ziel der Produktionsgesellschaft darin liegt, eine Gewinnerzielung der Besitzgesellschaft zu erreichen. Diese Meinung wird deshalb auch zurecht in der Literatur[36] und Rechtsprechung[37] überwiegend vertreten. Die Ansicht von Fabricius[38], es liege auch in diesem Fall eine Betriebszweckänderung vor, weil die betrieblichen Ziele für einen anderen Unternehmer erbracht werden, ist nicht zutreffend. Der Gesetzgeber ist, wie oben ausgeführt (B II 1), zum Schutz des Arbeitnehmers bezüglich eines Arbeitgeberwechsels einer individualarbeitsrechtlichen Lösung durch die Einfügung des §613a BGB gefolgt[39]. Eine Ausdehnung der betriebsverfassungsrechtlichen Mitbestimmungsrechte auf dem Umweg über §111 S. 2 Nr. 4 BetrVG 1972 ist somit nicht zu vertreten.

Die Betriebsaufspaltung in eine Besitz- und Produktionsgesellschaft allein ist somit keine Änderung des Betriebszwecks. Eine solche könnte erst dann vorliegen, wenn bestimmte arbeitstechnische Zwecke auf den anderen Betrieb übertragen werden würden[40].

---

[36] Dietz/Richardi §111 BetrVG 1972 Rn. 59; Engels DB 1979, 2227; Eich DB 1980, 255.

[37] BAG v. 17.2.1981 AP Nr. 9 Bl. 2f zu §111 BetrVG 1972; LAG Düsseldorf v. 29.3.1978 DB 1979, 114, 115.

[38] Fabricius/Kraft/Thiele/Wiese §111 BetrVG 1972 Rn. 222, 188.

[39] Dietz/Richardi §111 BetrVG 1972 Rn. 84 m.w. N.

[40] Vgl. dazu etwa BAG v. 16.6.1987 NZA 1987, 671.

3. Einheitlicher Betriebszweck in einem Betrieb

Weiter ist von Bedeutung, ob in Bezug auf die Änderung des Betriebszwecks in einem Betrieb nur ein einheitlicher Betriebszweck im Sinne des §111 S. 2 Nr. 4 BetrVG 1972 bestehen kann. Diese Frage ist deswegen entscheidend, weil bei der Zugrundelegung jeweils eines Betriebszwecks für einen Betrieb zwangsläufig mit Oberbegriffen, die alle Produkte erfassen, gearbeitet werden müßte.

Der Wortlaut legt diese Vermutung nahe, nachdem in §111 S. 2 Nr. 4 BetrVG 1972 „Betriebszweck" im Singular in Verbindung mit dem bestimmten Artikel verwendet wird. Im Gegensatz dazu steht der Begriff „Betriebsanlagen" im Plural.

Die Literatur hat zu diesem Punkt bisher keine Stellung bezogen. Diejenigen, die wie später noch näher aufzuzeigen sein wird, die Meinung vertreten, eine Betriebszweckänderung könne auch darin liegen, daß einer unter *mehreren* Betriebszwecken aufgegeben wird bzw. ein *neuer hinzugefügt* wird[41], müssen selbstverständlich davon ausgehen, daß ein Betrieb mehrere Betriebszwecke im Sinne des §111 S. 2 Nr. 4 BetrVG 1972 haben kann.

Dieser Auffassung ist auch beizupflichten.

Wie bereits oben (B II 1) dargestellt, fällt auch die Verfolgung mehrerer arbeitstechnischer Zwecke unter den Betriebsbegriff. Es ist wiederum[42] kein Grund ersichtlich, von einem anderen „Betriebszweckbegriff" auszugehen. Es liegt vielmehr die Vermutung nahe, daß dem Gesetzgeber in diesem Punkt eine Differenzierung zwischen Singular und Plural nicht bewußt war und genauso selbstverständlich, wie die Literatur, davon ausging, daß auch mehrere Betriebszwecke im Sinne des §111 S. 2 Nr. 4 BetrVG 1972 denkbar sind.

Aus der Gesetzgebungsgeschichte sowohl zum Betriebsverfassungsgesetz von 1952 als auch zu dem von 1972 sind keine Anhaltspunkte gegeben, die darauf schließen lassen, daß in einem Betrieb nur ein einheitlicher Betriebszweck gebildet werden darf.

Ein solches Ergebnis widerspräche auch dem Gesetzeszweck, nämlich Schutz der Belegschaft bezüglich der Erhaltung des Arbeitsplatzes und der Art der auszuübenden Tätigkeit (s.o. B II 2 d dd). Würde man in einem Betrieb, in dem sehr viele verschiedenartige Produkte hergestellt werden, in bezug auf die Änderung des Betriebszwecks einen einheitlichen „Betriebs-

---

[41] BAG v. 17.12.1985 AP Nr. 15 Bl. 2 zu §111 BetrVG 1972; Dietz/Richardi §111 BetrVG 1972 Rn. 63; Fitting Auffarth/Kaiser/Heither §111 BetrVG 1972 Rn. 31.

[42] Vgl. Argumentation oben: B II 2 d aa.

zweckbegriff" formulieren müssen, wäre vielfach ein Oberbegriff der Gestalt die Folge, der selbst bei gravierendsten Änderungen rein sprachlich nicht mehr die Subsumtion als Betriebszweckänderung zuließe. Stellt z. B. eine Fabrik außer bestimmten Kleidungsstücken gleichzeitig auch das dazu nötige Verpackungsmaterial her, könnte als einheitlicher Betriebszweck nur noch der kleinste gemeinsame Oberbegriff, nämlich „Herstellung von Konsumgütern", in Betracht kommen. Eine Änderung der Produktion, z. B. Herstellung von Autoreifen, würde, da sie rein sprachlich dem selben Oberbegriff unterfällt, bereits keine Betriebszweckänderung mehr darstellen können. Für eine Wertung im Rahmen des Tatbestandsmerkmals „grundlegend" bliebe somit kein Raum. Die Festlegung des Begriffs „Betriebszweck" würde sich allein danach richten können, wieviel verschiedene Produkte ein Betrieb herstellt. Dieses Kriterium ist jedoch in Anbetracht des Schutzzweckes des § 111 BetrVG 1972 untauglich. Es würden die Arbeitnehmer benachteiligt werden, die in einem Betrieb beschäftigt sind, in dem eine breite Palette von Gütern produziert wird.

Ein Betrieb muß somit nicht notwendig einen einheitlichen Betriebszweck im Sinne des § 111 S. 2 Nr. 4 BetrVG 1972 besitzen.

4. Präzisierung des Produkts

Im folgenden soll die mit entscheidende Frage erörtert werden, wie das Produktions- bzw. Dienstleistungsziel eines Betriebs zu präzisieren ist.

Weder Literatur noch Rechtsprechung setzen sich mit dieser Problematik auseinander. Was letztlich unter Betriebszweck zu verstehen ist, bleibt vielmehr offen. Einer Lösung dieses Punktes kommt somit eine besondere Bedeutung zu.

a) Relevanz der Vorfrage für den Mitbestimmungstatbestand

Wie der bereits oben (B II 2c) erwähnte Beispielsfall, den das Landesarbeitsgericht Niedersachsen[43] und später das Bundesarbeitsgericht als Revisionsinstanz[44] zu entscheiden hatten, zeigt, ist die Klärung der Qualität des Betriebszwecks für das Folgeproblem, wann eine grundlegende Änderung vorliegt, vorgreiflich. Das Landesarbeitsgericht definierte dabei den Betriebszweck als *„Zurverfügungstellung diverser Glücksspielmöglichkeiten"*. Durch die Verwendung dieses Oberbegriffs war die zusätzliche Bereitstellung von Spielautomaten gleich welcher Art rein sprachlich keine Betriebszweck-

---

[43] Beschluß v. 10.5.1983 Az. 12 Ta BV 9/82.

[44] Beschluß v. 17.12.1985 AP Nr. 15 zu § 111 BetrVG 1972.

änderung, da sich auch diese unter den Begriff „diverse Glücksspielmöglichkeiten“ subsumieren lassen. Raum für Wertungen nach dem Gesetzeszweck im Rahmen des Tatbestandsmerkmals „grundlegend“ war somit nicht gegeben. Deshalb konnte das Landesarbeitsgericht ohne nähere Begründung ein Mitbestimmungsrecht ablehnen.

b) Lösungsmodell

Eine Lösung des Problems wäre insoweit denkbar, als man hinsichtlich der Beschreibung des Produktionsziels eine möglichst genaue Präzisierung wählt, so daß bereits die kleinsten Änderungen zumindest sprachlich dem Betriebszweckänderungsbegriff im Sinne des § 111 BetrVG 1972 unterfallen. Auf diese Weise ist nicht von vorneherein dem Einfluß des Gesetzeszwecks, nämlich Schutz der Arbeitnehmer vor wesentlichen Nachteilen (s.o. B II 2 d dd), der Boden entzogen. Im oben genannten Fall könnte man die Dienstleistung als Bereitstellung von Roulett, Blackjack und Baccarat definieren, so daß die Aufstellung von Spielautomaten immer eine Änderung des Betriebszwecks darstellen würde. Ob eine im Sinne des § 111 BetrVG 1972 relevante Änderung vorliegt, entschiede sich dann allein nach dem Begriff „grundlegend“.

Dieser Lösungsansatz liegt dann nahe, wenn der Begriff „grundlegende Änderung des Betriebszwecks“ nach der ratio des § 111 BetrVG nur dergestalt sinnvoll definiert werden kann, daß es nicht auf die qualitative Veränderung im Betrieb und somit auf den status quo, also den Ausgangsbetriebszweck, entscheidend ankommt, sondern die Frage des Mitbestimmungsrechts allein nach den Auswirkungen auf die Belegschaft beurteilt werden kann. Dem Gesetzeszweck würde dann im Rahmen des Begriffs „grundlegend“ Rechnung getragen, so daß eine teleologische Auslegung des Begriffs „Betriebszweck“ im Rahmen einer eventuellen Präzisierung überflüssig wäre.

Wie noch zu zeigen sein wird, kommt es bei der Auslegung des Begriffs „grundlegende Änderung“ allein auf die Auswirkungen auf die Belegschaft an, so daß die vorgestellte Definition des Betriebszwecks dann rechtlich haltbar ist, wenn die klassischen Auslegungsmethoden dem nicht entgegenstehen.

c) Auslegung des Begriffs „Zweck“

Im folgenden soll untersucht werden, ob Wortlaut, Gesetzgebungsgeschichte oder Systematik des Gesetzes diese Lösung des Begriffs „Betriebszweck“ erlauben und wo ggf. dessen Grenzen liegen.

aa) Wortinterpretation

Auszugehen ist vom Wortlaut des Begriffs „Zweck". Zweck kann als Ziel einer Handlung bezeichnet werden[45]. Das ursprüngliche Wort „Zweck" bedeutete im Althochdeutschen Zweig oder Ast[46]. Später wurde der Holznagel, der in der Mitte einer Zielscheibe angebracht wurde, als „Zweg" bezeichnet[47]. Daraus läßt sich der Schluß ziehen, daß die Worte „Zweck" und „Ziel" synonym verwendet werden können.

Dieser Ausgangspunkt ist entscheidend für die Frage, ob die Präzisierung soweit gehen kann, daß zur Begriffsdefinition des Betriebszwecks auch dazu verwendete Hilfs- oder Zwischenprodukte mit heranzuziehen sind. Die Herstellung von „Märzenbier" könnte beispielsweise so beschrieben werden, daß der Betriebszweck als Herstellung von „Märzenbier unter ausschließlicher Verwendung eines hergestellten Suds bestehend aus Hopfen, Malz und Wasser" bezeichnet wird. Hier wäre das Zwischenprodukt, der Sud, mit einbezogen. Somit wäre die Herstellung des Suds unter Verwendung eines weiteren Zusatzstoffes z. B. zur Konservierung eine Änderung des Betriebszwecks. In gleicher Weise könnte man die Dienstleistung einer Spedition so definieren, daß der Betriebszweck im Transport von Möbeln, die zum Schutz in Decken eingewickelt werden, liegt. Die „Zwischendienstleistung", nämlich Schutz der Möbel durch Decken, würde somit zum Teilbetriebszweck erhoben werden, so daß der Schutz der Möbel durch andere Vorrichtungen bereits eine Änderung des Betriebszwecks darstellen würde.

Dieses Vorgehen würde hingegen dem Wortlaut des Begriffs „Zweck" nicht mehr gerecht werden. Wie oben dargestellt, ist unter Zweck ein bestimmtes Ziel zu verstehen. Davon zu trennen ist die Frage, welche Mittel zu dem Ziel führen. Es besteht somit eine klare sprachliche Differenzierung zwischen Mittel und Zweck[48]. Diese Unterscheidung wird auch in §111 S. 2 BetrVG 1972 vorgenommen, wenn dem Betriebszweck das Fertigungsverfahren und die Arbeitsmethoden gegenübergestellt werden.

Die Auslegung trifft hier somit an die sprachliche Grenze, daß nur das Endprodukt, das letztlich zur Veräußerung an die Kunden bestimmt ist, oder die an diese gerichtete Dienstleistung als Betriebszweck bezeichnet werden

---

[45] Brockhaus, Herausgeber: Gerhard Wahrig / Hildegard Krämer / Harald Zimmermann Bd. 6 S. 900 (1984).

[46] Deutsches Wörterbuch von Jakob und Wilhelm Grimm Bd. 16 S. 955 (1914); Das große Wörterbuch der deutschen Sprache, Herausgeber: Günther Drosdowski Bd. 6 S. 2981 (1981).

[47] Brockhaus, Herausgeber: Gerhard Wahrig / Hildegard Krämer / Harald Zimmermann Bd. 6 S. 900 (1984).

[48] So auch Deutsches Wörterbuch von Jakob und Wilhelm Grimm Bd. 16 S. 961.

darf. In dem oben gewählten Beispiel ist das der Verkauf von Märzenbier, bzw. im Rahmen der Dienstleistung, der Transport von Möbeln.

Im übrigen gibt es keine weiteren durch die Wortinterpretation bedingte Beschränkungen. Ob der Betriebszweck beispielsweise in der Herstellung von Schrauben oder in der Produktion von Schrauben mit der Länge von 50 mm mit einem bestimmten Gewinde zu verstehen ist, ist nach dem Wortlaut des Begriffs „Betriebszweck" offen.

Eine Präzisierung ist somit mit Ausnahme der Heranziehung von Zwischenprodukten beliebig möglich. Eine solche ist insofern auch für das Bestehen einer Mitbestimmung unschädlich, als derartige Änderungen von dem Tatbestand des §111 S. 2 Nr. 5 BetrVG 1972 erfaßt werden könnten.

bb) Historische Auslegung

Zu prüfen ist, ob die historische Auslegung dem gewonnenen Ergebnis im Wege stünde.

Weder bei der Entstehung des Betriebsverfassungsgesetzes 1972 noch bei der von 1952 ist das Wort „Betriebszweck" begründet oder aus dem sonstigen Zusammenhang eine Erläuterung zu finden. Anhaltspunkte, die gegen eine möglichst genaue Eingrenzung der Produktbezeichnung sprechen, sind somit nicht ersichtlich.

Der Gesetzgeber von 1972 brachte im Gegenteil zum Ausdruck, daß er möglichst alle Fälle von betrieblichen *Maßnahmen* der Mitbestimmung unterwerfen wollte, wenn damit *wesentliche Nachteile* zu Lasten der Belegschaft verbunden sind[49]. Zwar orientierte sich der Gesetzgeber schließlich doch an der Formulierung des §72 BetrVG 1952. Dies hatte aber nicht den Grund, die Mitbestimmung im Vergleich zum Regierungsentwurf einzuschränken, sondern diente nur dazu, auf den unbestimmten Rechtssatz, nämlich daß ein Mitbestimmungsrecht dann nicht in Betracht kommt, wenn Maßnahmen durch nicht geplante Einschränkungen der Beschäftigungsmöglichkeiten im Betrieb, insbesondere auf Grund einer Veränderung der Auftragslage bedingt sind, verzichten zu können, von dem der Ausschuß der Meinung war, diese Rechtsbegriffe könnten unter Umständen zu Lasten der Mitbestimmung gehen[50].

---

[49] Entwurf der Bundesregierung BT-Dr. VI/1786 S.23 zu §111.

[50] Ausschußbericht BT-Dr. VI/Begründung zu Nr.2729 S.8.

cc) Systematische Auslegung

Auch systematische Erwägungen stehen einer möglichst genauen Beschreibung des Zielprodukts nicht entgegen. Im Rahmen des Betriebsverfassungsgesetzes 1972 spielt der Begriff „Betriebszweck" nur noch in §106 Abs. 3 Nr. 9 eine Rolle. Aber auch aus dieser Vorschrift sind bezüglich der Auslegung keine neuen Erkenntnisse zu gewinnen.

Auch die Definition des Betriebs, bei der der Betriebszweck eine Rolle spielt, trägt nicht zur begrifflichen Klärung bei, denn hier kommt es nicht darauf an, welches konkrete Ziel die organisatorische Einheit verfolgt.

Schließlich spricht auch der Normzusammenhang, insbesondere die anderen Tatbestände des §111 S. 2 BetrVG 1972, nicht gegen die hier vertretene These.

Es bleibt somit festzuhalten, daß bezüglich des Betriebszwecks eine möglichst genaue Präzisierung des Produkts vorzunehmen ist. Wie diese letztlich auszusehen hat, kann nur im Einzelfall entschieden werden. In dem gewählten Beispiel des Bierherstellers ist das Produkt genau durch die Sortenangabe, also z. B. Pilsener oder Export Dunkel, zu bezeichnen. Bei einer Dienstleistung ist diese genau zu umreißen, also z. B. Bereitstellung von den Glücksspielen Roulett, Blackjack oder Baccarat.

5. Verhältnis des Betriebszwecks zu Mitbestimmungstatbeständen nach § 111 S. 2 Nr. 4 u. 5 BetrVG 1972

Im Anschluß an die Auslegung des Begriffs „Betriebszweck" sollen kurz die Konkurrenzbeziehungen zu den Tatbestandsmerkmalen „Fertigungsverfahren, Arbeitsmethoden, Betriebsorganisation und Betriebsanlagen" erörtert werden.

Die Frage ist allerdings nur von theoretischer Bedeutung, da die einzelnen Tatbestände nebeneinander anwendbar sind, sich also nicht ausschließen[51].

Für diese Ansicht sprechen vor allem historische Gründe. Der Gesetzgeber wollte möglichst alle Fälle von Betriebsänderungen erfassen. Deswegen sollte der Regierungsentwurf auch ursprünglich keine Einzeltatbestände mehr enthalten, sondern ausschließlich auf die Auswirkungen zu Lasten der Belegschaft abstellen (vgl. zur näheren Begründung o. B I 1 b bb). Außerdem wurden beispielsweise die Begriffe „Betriebsorganisation, Fertigungsverfahren" im Vergleich zur Fassung des Betriebsverfassungsgesetzes von 1952 ergänzt, um Unklarheiten zu beseitigen, nicht aber um neue zu schaffen.

---

[51] Fabricius/Kraft/Thiele/Wiese §111 BetrVG 1972 Rn. 250.

a) Fertigungsverfahren, Arbeitsmethoden und Betriebsanlagen

Wie bereits oben ausgeführt (B II 4 b aa) unterscheiden sich Betriebszweck und Fertigungsverfahren bzw. die dazu verwandten Arbeitsmethoden dadurch, daß der Betriebszweck das Endprodukt bezeichnet, während das Fertigungsverfahren sich mit dem Produktionsvorgang befaßt. Beide Begriffe schließen sich somit aus. Wird jedoch der Betriebszweck geändert, so werden immer auch das Produktionsverfahren, oftmals auch die Betriebsanlagen davon betroffen sein. Aus diesem Grund sind die Tatbestandsvarianten nebeneinander anwendbar[52]. Die Frage, wann eine grundlegende Änderung vorliegt, wird somit in beiden Fällen gleich zu beurteilen sein.

b) Betriebsorganisation

Fabricius[53] ist der Ansicht, der Terminus „Betriebszweck" habe neben der Betriebsorganisation keine eigenständige Bedeutung mehr, räumt allerdings selbst ein, daß dies problematisch ist. Er begründet seine Ansicht damit, daß eine Organisation immer auf ein Ziel gerichtet sei und das Ziel somit zwangsläufig Tatbestandsmerkmal des Organisationsbegriffs sei[54]. Diese Verknüpfung mag zwar zutreffen, spricht jedoch noch nicht dafür, daß keine begriffliche Differenzierung vorliegen kann. Sprachlich wird schließlich auch zwischen Organisation und Zweck unterschieden. Außerdem wurde das Tatbestandsmerkmal „Organisation" erst 1972 eingefügt. Wollte der Gesetzgeber darunter auch den Betriebszweck verstanden wissen, hätte er auf diesen Begriff verzichten können.

III. Grundlegende Änderung

Im Rahmen des Mitbestimmungstatbestands des § 111 S. 2 Nr. 4 BetrVG 1972 kommt es entscheidend darauf an, wann eine grundlegende Änderung vorliegt.

1. Änderung

In diesem Zusammenhang ist als erstes zu klären, was unter „Änderung" zu verstehen ist. Denkbar sind dabei zwei Sachverhaltsalternativen. Zum einen kann der einzige in einem Betrieb verfolgte arbeitstechnische Zweck aufgegeben und durch einen anderen *ersetzt* werden. Zum anderen besteht

---

[52] A. A. Fabricius/Kraft/Thiele/Wiese § 111 BetrVG 1972 Rn. 161, die davon ausgehen, daß § 111 S. 2 Nr. 5 BetrVG 1972 lex spec. zu Nr. 4 ist.

[53] Fabricius/Kraft/Thiele/Wiese § 111 BetrVG 1972 Rn. 156.

[54] Fabricius/Kraft/Thiele/Wiese § 111 BetrVG 1972 Rn. 145.

die Möglichkeit, daß dem in einem Betrieb verfolgten Zweck ein *neuer hinzugefügt* bzw. *einer* unter mehreren *aufgegeben* wird.

Desweiteren stellt sich die Frage nach der Abgrenzung zur Einschränkung und Stillegung eines Betriebs bzw. wesentlichen Betriebsteils.

a) Austausch des alleinigen Betriebszwecks

In der Literatur und Rechtsprechung ist unbestritten, daß der Austausch des alleinigen Betriebszwecks eine Änderung im Sinne des §111 S. 2 Nr. 4 BetrVG 1972 darstellt[1]. Der Wortlaut der Vorschrift läßt keinen Zweifel an der Richtigkeit dieser Ansicht.

b) Ergänzung eines Betriebszwecks bzw. Einstellung eines solchen unter mehreren

Problematisch könnte hingegen sein, ob die Hinzufügung eines weiteren bzw. die Aufgabe eines unter mehreren Betriebszwecken als Änderung im Sinne des §111 BetrVG 1972 verstanden werden kann.

aa) Auffassung der Literatur und Rechtsprechung

Soweit Literatur und Rechtsprechung dieses Problem überhaupt ansprechen, wird die Meinung vertreten, daß auch diese Sachverhalte unter den Begriff „Betriebszweckänderung" subsumiert werden können[2]. Dabei wird auf die Schutzbedürftigkeit der Arbeitnehmer bezüglich der Art der Arbeit und des Erhalts des Arbeitsplatzes hingewiesen[3].

bb) Stellungnahme

Im Ergebnis verdient diese Auffassung Zustimmung.

(1) Wie bereits ausgeführt (s.o. B II 3) gibt es entgegen dem Wortlaut des §111 S. 2 Nr. 4 BetrVG 1972 in einem Betrieb nicht einen einheitlichen arbeitstechnischen Zweck, so daß die Ergänzung bzw. Aufgabe eines unter mehreren arbeitstechnischen Zwecken nicht zu einer Veränderung eines in einem Betrieb vorliegenden einheitlichen Betriebszwecks führt, sondern der

---

[1] Vgl. statt vieler Dietz/Richardi §111 BetrVG 1972 Rn. 63; BAG v. 17.12.1985 AP Nr. 15 Bl. 2 zu §111 BetrVG 1972; Chan Chi-sen, Das wirtschaftliche Mitbestimmungsrecht der Betriebsräte (Diss. 1965) S. 20.

[2] Fitting/Auffarth/Kaiser/Heither §111 BetrVG 1972 Rn. 31; BAG v. 17.12.1985 AP Nr. 15 Bl. 2 zu §111 BetrVG 1972.

[3] Fitting/Auffarth/Kaiser/Heither §111 BetrVG 1972 Rn. 31.

ursprüngliche Betriebszweck unberührt bleibt, so daß sich die Frage stellt, ob der Wortlaut „Änderung“ auch diese Tatbestände erfaßt.

Ändern bedeutet, etwas umgestalten[4], also eine andere Gestalt geben. Dies kann jedoch nicht nur dadurch geschehen, daß in die Substanz des jeweiligen Objekts (also z. B. des bestehenden Betriebszwecks) selbst eingegriffen wird, sondern auch insoweit, als die Beziehung des Objekts im Verhältnis zu seiner Umwelt (d.h. des bestehenden Betriebszwecks zu anderen im Betrieb) modifiziert wird, da keine Sache allein aus sich heraus betrachtet werden kann, sondern immer in Wechselbeziehungen zu seiner Umwelt steht. So kann beispielsweise die Qualität eines Fahrzeugs als Gebrauchsgut nicht nur durch dessen Zerstörung, sondern auch dadurch beeinträchtigt werden, daß der technische Überwachungsverein bei der Hauptuntersuchung das Fahrzeug für den öffentlichen Verkehr sperrt. Bei letzterem wird die Qualität mittelbar durch das Verhältnis Auto und Straßenverkehrszulassungsordnung geändert. Auch der in einem Betrieb verfolgte arbeitstechnische Zweck steht nicht für sich isoliert. Somit kann eine Betriebszweckänderung auch darin liegen, daß die Beziehung des Betriebszwecks zu anderen Betriebszwekken umgestaltet wird, indem z.B. ein neuer ergänzt wird.

Für eine derart weite Wortinterpretation spricht auch, daß der Katalog des Satzes 2 des § 111 BetrVG 1972 den Begriff „Betriebsänderung“ ausfüllt. Die Änderung ist somit immer gesamtbetriebsbezogen. Es ist deshalb für ein Mitbestimmungsrecht ausreichend, wenn sich der Betrieb in Bezug auf den Bestand der Betriebszwecke ändert.

Diese Auslegung wird auch durch praktische Erwägungen getragen. Oben (B II 4 a) wurde bereits ausgeführt, daß die Präzisierung des arbeitstechnischen Zwecks auf möglichst hoher Stufe vorzunehmen ist, um nicht ein Mitbestimmungsrecht von vorneherein durch einen zu grob umrissenen Oberbegriff auszuschließen. Die Folge dieser Auslegung ist allerdings, daß sich die Anzahl der Betriebszwecke im Vergleich zu denen bei der Wahl eines Oberbegriffs vergrößert. Die Herstellung eines neuen Produkts wäre dann häufig keine Änderung der bestehenden Produktion, sondern rein sprachlich die Hinzufügung eines neuen arbeitstechnischen Zwecks. Beschreibt man beispielsweise die Tätigkeit einer Brauerei in „Herstellung“ von Bier, bildet also einen Oberbegriff, so wäre die Ergänzung um eine weitere Biersorte keine *Hinzufügung* eines neuen arbeitstechnischer Zwecks, sondern die *Veränderung* eines bestehenden. Definiert man hingegen das Ausgangsprodukt als „Herstellung von Pilsener“, legt also den Betriebszweck differenzierter aus, würde man zum umgekehrten Ergebnis gelangen. Wenn die Vorteile der möglichst genauen Präzisierung, nämlich Möglichkeit einer Wertung

[4] Mackensen, Deutsches Wörterbuch S. 42 (3. Auflage 1955).

nach dem Sinn und Zweck des Gesetzes im Rahmen des Tatbestandsmerkmals „grundlegend", nicht ins Gegenteil verkehrt werden sollen, muß Änderung somit in dem hier vertretenen Sinn verstanden werden.

(2) Letztlich sprechen auch historische und teleologische Erwägungen für diese Auslegung.

Wie bereits mehrfach angesprochen, wollte der Gesetzgeber möglichst alle Fälle von Betriebsänderungen im Katalog des §111 S. 2 BetrVG 1972 erfassen. Aus diesem Grund sind die einzelnen Tatbestände weit auszulegen.

Auch der Gesetzeszweck, nämlich Schutz der Belegschaft vor wesentlichen Nachteilen unterstreicht das hier gewonnene Ergebnis. Es kann keinen Unterschied machen, ob ein neuer Betriebszweck ergänzt wird oder der alte geändert wird. In beiden Fällen sollen daraus resultierende Belastungen für die Arbeitnehmer ausgeglichen werden. Dies zeigt deutlich der vom Bundesarbeitsgericht entschiedene Fall[5], in dem zusätzlich Glücksspielautomaten aufgestellt wurden. Die Hinzufügung eines weiteren Betriebszwecks hatte auch auf die Arbeitnehmer, die den ursprünglichen weiterverfolgten, Auswirkungen, weil sich die Verteilung des Trinkgelds zu deren Nachteil verändert hatte.

Als Ergebnis steht somit fest, daß auch die Ergänzung eines neuen bzw. die Aufgabe eines unter mehreren Betriebszwecken eine Änderung darstellt.

c) Betriebszweckänderung und Stillegung bzw. Einschränkung des Betriebs oder eines wesentlichen Betriebsteils

Schließlich soll auf die Beziehung der Betriebszweckänderung zur Stillegung und Einschränkung des Betriebs bzw. eines wesentlichen Betriebsteils eingegangen werden.

aa) Stillegung

Nach herrschender Meinung in Literatur und Rechtsprechung wird Stillegung als Einstellung des arbeitstechnischen Zwecks und Auflösung der die Einheit des Betriebs gestaltenden Organisation verstanden[6]. Als wichtigstes Element wird die Auflösung der Organisation angesehen, d.h. die Arbeitsverhältnisse müssen zur Beendigung gelangt sein[7]. Teilweise wird die

---

[5] BAG v.17.12.1985 AP Nr.15 zu §111 BetrVG 1972.

[6] Dietz/Richardi §111 BetrVG 1972 Rn.26; Fitting/Auffarth/Kaiser/Heither §111 BetrVG 1972 Rn.17; Hess/Schlochauer/Glaubitz §111 BetrVG 1972 Rn.47 jeweils mit weiteren Nachweisen.

Auffassung vertreten, die Auflösung der Betriebs- und Produktionsgemeinschaft sei nicht notwendiges Tatbestandsmerkmal[8], da es denkbar sei, daß der Arbeitgeber sämtliche Arbeitnehmer in einer anderen Betriebsstätte weiterzubeschäftigen beabsichtige. Diesem Einwand muß entgegengehalten werden, daß es nur auf die Betriebsorganisation und damit auf das Beschäftigungsverhältnis in dem konkret stillzulegenden Betrieb ankommen kann. Die Frage, die Fabricius anspricht, ist allenfalls insoweit relevant, ob irgendwelche Nachteile in einem Sozialplan auszugleichen sind.

Auf den Streit braucht hier jedoch nicht näher eingegangen werden, denn die Tatbestände „Betriebsstillegung" und „Änderung des Betriebszwecks" schließen sich nicht gegenseitig aus. Die Betriebsstillegung ist ein Sonderfall der Betriebszweckänderung. Wie oben ausgeführt (B II 1 b bb (1)) ist jede Umgestaltung, die sich im Betrieb in Bezug auf den Bestand der Betriebszwecke ergibt, eine Änderung des Betriebszwecks im Sinne des § 111 S. 2 Nr. 4 BetrVG. Dazu gehört der Extremfall, daß die Anzahl der Betriebszwecke auf Null reduziert wird. Dem Argument, unter diesem Aspekt wäre eine gesonderte Regelung der Betriebsstillegung überflüssig gewesen, muß entgegengehalten werden, daß der Gesetzgeber mit dem Willen, möglichst alle Bereiche von wirtschaftlichen Angelegenheiten abzudecken, Überlagerungen bewußt in Kauf genommen hat. Dies zeigt sich deutlich an einem anderen Beispiel. Wenn die oben angeführte herrschende Meinung als wichtigstes Element der Betriebsstillegung die Auflösung der Organisation ansieht, würde in diesem Fall auch der Mitbestimmungstatbestand der anderen Alternative der Nr. 4 des § 111 S. 2 BetrVG 1972, nämlich die „grundlegenden Änderung der Betriebsorganisation", eingreifen. Auch unter dem Gesichtspunkt des Gesetzeszwecks wird man kaum zu dem Ergebnis gelangen dürfen, bei Aufgabe aller arbeitstechnischer Zwecke komme allein der Mitbestimmungstatbestand der Betriebsstillegung in Frage. Dies hätte nämlich zur Folge, daß eine für die Belegschaft weniger einschneidende Maßnahme, nämlich die Reduzierung der Betriebszwecke bis auf einen einzigen, eher ein Mitbestimmungsrecht des Betriebsrats auslösen würde, als die mehr belastende Maßnahme einer vollständigen Aufgabe aller Betriebszwecke, weil bei letzterem, wenn man dies ausschließlich unter dem Aspekt des Mitbestimmungstatbestands der „Betriebsstillegung" sehen würde, zusätzlich das Erfordernis der Auflösung der Organisation vorliegen müsse. Insoweit mag man geneigt sein, den Katalog des § 111 S. 2 BetrVG 1972 als nicht in sich geschlossen zu qualifizieren.

---

[7] Dietz/Richardi § 111 BetrVG 1972 Rn. 31; Hess/Schlochauer/Glaubitz § 111 BetrVG 1972 Rn. 49.

[8] Fabricius/Kraft/Thiele/Wiese § 111 BetrVG 1972 Rn. 113.

Schwieriger ist die Abgrenzung zwischen Stillegung eines wesentlichen Betriebsteils und Änderung des Betriebszwecks bei Aufgabe eines unter mehreren Produktionszielen. Teilweise wird das Vorliegen eines wesentlichen Betriebsteils dann bejaht, wenn eine „betriebswirtschaftlich-technologische" Abgrenzbarkeit innerhalb der einheitlichen Betriebsorganisation vorliegt[9]. Es wird auch die Meinung vertreten, eine solche sei dann zu bejahen, wenn die einen Teilzweck erfüllende Belegschaft im Verhältnis zu der Gesamtarbeitnehmerschaft wesentlich sei, wobei auf die Zahlen des §17 Abs. 1 KSchG zurückgegriffen werden könne[10], oder wenn der Teil der Belegschaft für den Betrieb von wesentlicher Bedeutung sei[11]. Abzustellen sein wird letztlich auf die organisatorische Verselbständigung des Betriebsteils, denn auch bei dem Begriff „Betriebsteil" ist vom Betriebsbegriff auszugehen, der eine selbständige Organisation zur Grundlage hat.

Aber auch diese Streitfrage kann hier letztlich ungelöst bleiben, weil diese Tatbestände ebenfalls nebeneinander anwendbar bleiben, selbst wenn sie sich teilweise überlappen. Dafür spricht nicht zuletzt, daß der Gesetzgeber im Katalog des §111 S. 2 BetrVG 1972 möglichst alle Fälle von Betriebsänderungen erfassen wollte und so auch im Kauf nehmen mußte, daß sich Einzeltatbestände zum Teil überlagern.

bb) Betriebseinschränkung

Hingegen kann eine Kollision mit der Betriebseinschränkung nicht auftreten. Betriebseinschränkung wird als Verringerung der Betriebsmittel unter Beibehaltung des Betriebszwecks verstanden[12]. Eine Änderung des Betriebszwecks ist somit in diesem Rahmen begrifflich ausgeschlossen. Auf den Meinungsstreit, ob die Betriebsmittel verringert werden müssen oder ob schon die geringere Ausnützung dieser bzw. allein die Entlassung von Arbeitnehmern eine Betriebseinschränkung darstellt[13], braucht deshalb nicht näher eingegangen zu werden.

---

[9] Dietz/Richardi §111 BetrVG 1972 Rn. 37.

[10] Fitting/Auffarth/Kaiser/Heither §111 BetrVG Rn. 24.

[11] So Hess/Schlochauer/Glaubitz §111 BetrVG Rn. 56.

[12] Dietz/Richardi §111 BetrVG 1972 Rn. 42; Fitting/Auffarth/Kaiser/Heither §111 BetrVG 1972 Rn. 18; Hess/Schlochauer/Glaubitz §111 BetrVG 1972 Rn. 33; Fabricius/Kraft/Thiele/Wiese §111 BetrVG 1972 Rn. 119 jeweils mit weiteren Nachweisen.

[13] Vgl. dazu mit jeweils weiteren Nachweisen: Dietz/Richardi § 111 BetrVG 1972 Rn. 45; Fitting/Auffarth/Kaiser/Heither § 111 BetrVG 1972 Rn. 19; Hess/Schlochauer/Glaubitz § 111 BetrVG 1972 Rn. 35ff; Fabricius/Kraft/Thiele/Wiese § 111 BetrVG 1972 Rn. 122ff.

2. Grundlegend

Wichtigstes und letztlich entscheidendes Tatbestandsmerkmal im Rahmen des §111 S. 2 Nr. 4 BetrVG 1972 ist der Begriff „grundlegend“.

Im folgenden wird nach einer Darstellung des Meinungsstands der Literatur und Rechtsprechung eine einführende noch nicht ins Detail gehende abstrakte Definition mit der Vorstellung des dazu notwendigen Auslegungsinstrumentariums vorgenommen. Anschließend wird die Lösung von Einzelproblemen in den Mittelpunkt gerückt.

a) Überblick über Meinungen in Literatur und Rechtsprechung

Wie bereits erwähnt (s.o. A I 3) beziehen Literatur und Rechtsprechung nur sehr begrenzt Stellung zu diesem Problem. Dies führt dazu, daß der Tatbestand des §111 S. 2 Nr. 4 BetrVG 1972 (grundlegende Änderung des Betriebszwecks) unklar geblieben ist und so in der Praxis kaum Relevanz erlangen konnte.

aa) Allgemeine Definitionen

Bei den Versuchen, „grundlegend“ allgemein zu definieren, werden zum Teil wiederum auslegungsbedürftige Begriffe verwendet. Z. B. soll eine grundlegende Änderung dann gegeben sein, wenn eine das *Gepräge* des Betriebs verändernde *völlige Umstellung* der Produktion oder des Gegenstands der Betriebstätigkeit vorliegt[14]. Die Vertreter dieser Auffassung wollen offensichtlich an den Grad der Betriebszweckänderung anknüpfen, indem dieser vor und nach der Umstellung verglichen wird[15]. Das Merkmal „Gepräge“ ist jedoch kaum tauglich, diesen Mitbestimmungstatbestand näher zu erläutern, da hier wiederum zu große Wertungsfreiräume zu schließen wären. Die Praktikabilität wird dann zusätzlich durch den Begriff „völlig“ erschwert. Auch das Bundesarbeitsgericht äußert sich in ähnlichem Sinn, indem es für die Bejahung einer Mitbestimmung verlangt, daß der Betriebszweck *völlig neuartig* sein müsse[16]. Allerdings werden auch die Auswirkungen auf die Arbeitnehmer erwähnt, ohne daß allerdings der Senat

---

[14] Galperin/Löwisch §111 BetrVG 1972 Rn.30a; Fitting/Auffarth/Kaiser/Heither §111 BetrVG 1972 Rn.31; Gnade/Kehrmann/Schneider/Blanke §111 BetrVG 1972 Rn.29; Hess/Schlochauer/Glaubitz §111 BetrVG 1972 Rn.66; Graf v. Schoenborn, Die Beteiligung des Betriebsrats bei Betriebsänderungen (Diss. 1976) S.62.

[15] Vgl. dazu die Rechtsprechung zur grundlegenden Änderung des Fertigungsverfahrens, die auf den Grad der technischen Änderung abstellt: BAG v. 26.10.1982 AP Nr. 10 zu §111 BetrVG 1972.

[16] BAG v. 17.12.1985 AP Nr. 15 Bl. 2 zu §111 BetrVG 1972.

die Bedeutung dieser Auswirkungen für den Begriff „grundlegend" dezidiert darstellt[17]. Die Auslegung, eine grundlegende Änderung bestehe dann, wenn diese *erhebliche Auswirkungen* auf den Betriebsablauf hat bzw. einen „*Sprung*" in der technisch-wirtschaftlichen Entwicklung darstellt[18], trägt ebenso wenig zu einer begrifflichen Klärung bei. Diese Umschreibung ersetzt das Tatbestandsmerkmal „grundlegend" nur durch das Wort „erheblich", ohne daß näher ausgeführt wird, wann erhebliche Auswirkungen auf den Betriebsablauf vorhanden sind. Wann ein „Sprung" in der technisch-wirtschaftlichen Entwicklung vorliegt, läßt sich ebenfalls kaum ermitteln. Es wird auch die Auffassung vertreten, eine Betriebsänderung sei dann grundlegend, wenn sich der Betrieb auf eine andere *Branche* verlegt oder eine Änderung der Satzung des Gesellschaftsvertrags notwendig sei[19]. Diese Definition klärt jedoch nicht auf, wann verschiedene Branchen bestehen. Die Abhängigkeit des Mitbestimmungsrechts von gesellschaftsrechtlichen Regelungen erscheint außerdem mehr als fragwürdig, denn dort wird ein ganz anderer Schutzzweck verfolgt. Während das Gesellschaftsrecht in diesem Punkt den einzelnen Gesellschaftern ihre Mitwirkungsbefugnisse erhalten will, soll das Betriebsverfassungsgesetz die Folgen von Betriebszweckänderungen für die Belegschaft ausgleichen. Die zu schützenden Personen sind somit schon verschieden.

Die aufgezeigten Definitionen haben insgesamt außer der Schwäche der mangelnden Verwendbarkeit in der Praxis vor allem den Nachteil, daß der Schutzzweck des § 111 BetrVG 1972, der in dessen S. 1 festgelegt ist, nicht genügend Berücksichtigung findet. Gerade bei normativen Begriffen kommt der teleologischen Auslegung eine tragende Bedeutung zu. Der Grad der Änderung der Produktion läßt sich aber mit dem Schutzgedanken des § 111 BetrVG 1972 kaum verknüpfen.

In der Literatur gibt es deswegen Meinungen, die bei der Auslegung des Begriffs „grundlegend" auf die Auswirkungen zu Lasten der Belegschaft abstellen. Zwar definieren Dietz / Richardi „grundlegend" erst als die *Umgestaltung der Produktion im eigentlichen Sinn*[20]. Dieser Auslegungsansatz hilft allerdings noch nicht weiter, weil der Begriff „Umgestalten im eigentlichen Sinn" genauso wenig praktikabel ist. Darauf folgt jedoch eine weitere Erläuterung dahingehend, daß eine Änderung dann grundlegend sei, wenn sie *wesentliche Nachteile* für die Belegschaft oder erhebliche Teile der

---

[17] A. A. Anm. Löwisch Bl. 3 zu BAG AP Nr. 15 zu § 111 BetrVG 1972.

[18] Fitting / Auffarth / Kaiser / Heither § 111 BetrVG 1972 Rn. 29.

[19] Chi-sen, Das wirtschaftliche Mitbestimmungsrecht der Betriebsräte (Diss. 1965) S. 20f.

[20] Dietz / Richardi § 111 BetrVG 1972 Rn. 64.

Belegschaft zur Folge haben kann. Als Richtschnur, wann erhebliche Teile der Belegschaft betroffen sind, soll §17 Abs. 1 KSchG in der heute gültigen Fassung, die hinsichtlich der von 1972 leicht abweicht, dienen[21]. Bei der Frage, wann wesentliche Nachteile vorliegen, bedienen sich die vorgenannten Autoren aber wieder der Zahlen des §17 Abs. 1 KSchG[22]. Die Quoten des Kündigungsschutzgesetzes führen jedoch bezüglich der Qualität der Nachteile zu Ungunsten der Belegschaft nicht weiter. Insoweit ist der Ansatz der Definition zwar richtig, jedoch das Problem nicht vollständig gelöst.

An dieser Stelle sei nur darauf hingewiesen, daß auch die von der herrschenden Meinung bejahte Fiktion (s.o. B I 2a) des wesentlichen Nachteilseintritts zu Lasten der Belegschaft bei Vorliegen eines der Katalogtatbestände des §111 S. 2 BetrVG 1972 hier nicht weiter hilft, denn Voraussetzung für eine solche Fiktion ist, daß einer der Katalogtatbestände des §111 S. 2 BetrVG 1972 gegeben ist. Dann kann jedoch, wenn zur Begründung einer dieser Tatbestände der Begriff wesentliche Nachteile verwendet wird, nicht auf die gesetzliche Fiktion verwiesen werden, deren Voraussetzungen ja noch gar nicht feststehen. Aus diesem Grund zeigt der oben dargestellte Meinungsstreit (s.o. B I 2 a), ob §111 S. 1 BetrVG 1972 zusätzlich neben dem Katalog des Satzes 2 zu prüfen ist, dann keine Relevanz, wenn der Gesetzeszweck zur Auslegung unbestimmter Rechtsbegriffe, wie z. B. grundlegend im Rahmen der Katalogtatbestände, mit herangezogen werden muß.

Fabricius legt „grundlegende Änderung“ als Umgestaltung, welche sich in den *Grundlagen der Organisation* des Betriebs auswirken kann[23], aus. Dies erklärt sich daraus, daß er den Betriebszweck als Tatbestandsmerkmal der Betriebsorganisation auffaßt (vgl. o. B II 5 b). Von einer grundlegenden Änderung ist nach dessen Ansicht weiter dann auszugehen, wenn sie wesentliche Nachteile für die Belegschaft oder eines erheblichen Teils derselben zur Folge haben kann. Allerdings versucht Fabricius das Vorliegen von wesentlichen Nachteilen zu präzisieren. Diese bestünden dann, wenn eine Verschlechterung gegenüber dem bestehenden Zustand in tatsächlicher (wirtschaftlicher oder sozialer), rechtlicher, materieller oder immaterieller Hinsicht entstanden ist[24]. Die Frage, ob die Nachteile wesentlich sind, beurteile sich danach, ob sie für die Arbeitnehmer von so besonderem Gewicht seien, daß sie ihnen nicht zugemutet werden können. Dies entscheide sich nach der Verkehrsauffassung für einen vernünftigen Betrach-

---

21 Dietz/Richardi §111 BetrVG 1972 Rn. 68.

22 Dietz/Richardi §111 BetrVG 1972 Rn. 24.

23 Fabricius/Kraft/Thiele/Wiese §111 BetrVG 1972 Rn. 153f.

24 Fabricius/Kraft/Thiele/Wiese §111 BetrVG 1972 Rn. 164.

ter unter Berücksichtigung von Treu und Glauben[25]. Als mögliche Nachteile nennt Fabricius Verlust des Arbeitsplatzes, Umsetzung, Auflösung effizienter Arbeitsgruppen, Verlust an sozialen Kommunikationsmöglichkeiten am Arbeitsplatz, Einbußen an sozialem Ansehen, Verlängerung des Wegs zur Arbeitsstätte, Notwendigkeit von Wohnsitzverlegung, doppelte Haushaltsführung, Steigerung der Konzentration bei der Arbeit oder Änderung der materiellen Arbeitsbedingungen[26]. Für die Frage, wann ein erheblicher Teil der Belegschaft vorliegt, wird ebenfalls zumindest vom Prinzip her an die Zahlen des heute geltenden § 17 KSchG angeknüpft[27]. Fabricius bewertet das Vorhandensein von wesentlichen Nachteilen letztlich nach dem Grundsatz von Treu und Glauben im Sinne des § 242 BGB. Dieser Lösungsansatz ist zu begrüßen, allerdings müssen bestimmte Fallgruppen herausgearbeitet und systematisiert werden, um den Mitbestimmungstatbestand der Praxis zugänglich zu machen.

Auch die Literatur, die zu den anderen Tatbeständen des § 111 S. 2 BetrVG 1972 Stellung nimmt, in denen das Element „grundlegend" vorkommt, führt nicht zu einer weiteren Klärung. In diesem Zusammenhang finden sich die gleichen Formulierungen, wie bei der Änderung des Betriebszwecks[28]. Das Bundesarbeitsgericht äußerte in diesem Zusammenhang, bei der grundlegenden Änderung der Arbeitsmethoden und des Fertigungsverfahrens komme es auf den Grad der technischen Änderung an. Wenn dies nicht eindeutig festzustellen sei, wären die Nachteile zu Lasten der Belegschaft maßgebend[29]. Eine nähere Erläuterung zum Grad der technischen Änderung wurde jedoch nicht abgegeben. Abgesehen davon ist das Kriterium der technischen Änderung bei der Umgestaltung des Betriebszwecks nicht brauchbar.

bb) Fallbeispiele in der Literatur

In der Literatur finden sich vereinzelt Beispiele, wann eine grundlegende Änderung des Betriebszwecks vorliegen soll. Bejaht wurde dies z. B. bei einer Änderung der Herstellung von Werkzeug zu der von Maschinen[30], einer Produktion von Motorräder statt Personenkraftwagen bzw. Kraftwagen und umgekehrt[31]. Ebenso soll die Fabrikation von Lastkraftwagen statt

[25] Fabricius/Kraft/Thiele/Wiese § 111 BetrVG 1972 Rn. 166.

[26] Vgl. im Ansatz auch Schaub, Arbeitsrechts-Handbuch (6. Auflage 1987) § 244 II 2a S. 1573.

[27] Fabricius/Kraft/Thiele/Wiese § 111 BetrVG 1972 Rn. 168.

[28] Vgl. z. B. Dietz/Richardi § 111 BetrVG 1972 Rn. 73.

[29] BAG v. 26.10.1982 AP Nr. 10 Bl. 6 zu § 111 BetrVG 1972.

[30] Dietz/Richardi § 111 BetrVG 1972 Rn. 64.

[31] Dietz/Richardi § 111 BetrVG 1972 Rn. 64; Galperin/Löwisch § 111 BetrVG 1972 Rn. 30a; Fitting/Auffarth/Kaiser/Heither § 111 BetrVG 1972 Rn. 31.

Personenkraftwagen eine grundlegende Änderung sein[32]. Schließlich treffe dies auch für die Umstellung eines Produktionsbetriebs zu einem Dienstleistungsbetrieb zu[33]. Der vom Bundesarbeitsgericht entschiedene Fall der Ergänzung des Betriebszwecks einer Spielbank durch die zusätzliche Zurverfügungstellung von Glücksspielautomaten wurde bereits mehrfach dargestellt (s.o. z.B. B II 2c). Verneint wurde eine grundlegende Änderung bei der Montage eines anderen oder verbesserten Autotyps[34], auch dann wenn die Herstellung des neuen Typs rationeller und damit unter Einsparung von Arbeitskräften möglich ist[35]. Auch die Ersetzung eines Waschmaschinenmotors durch einen neuen Typ wurde als nicht mitbestimmungspflichtige Maßnahme qualifiziert[36].

Die dargestellten Beispiele vermögen das Problem ebenfalls kaum zu lösen. Zum einen werden Extremfälle genannt (z.B. Dienstleistung statt Produktion), zum anderen aber sind die Beispiele so undifferenziert gewählt, daß Anhaltspunkte für die Rechtsanwendung nicht herausgelesen werden können. Z. B. die Abgrenzung von Personenkraftwagen und Lastkraftwagen, die im Rahmen der StVZO vorgenommen wird, dient einem ganz anderen Gesetzeszweck als es für die Anwendung im Betriebsverfassungsrecht der Fall sein kann. Das Kriterium ist deswegen für die Qualifizierung als grundlegende Änderung des Betriebszwecks untauglich. Hier käme es vielmehr auf konkrete Konstellationen an. So kann z.B. nicht von vorneherein ausgeschlossen werden, daß die Produktion eines neuen Fahrzeugtyps keine grundlegende Betriebsänderung sei. Würde z.B. BMW nur noch Kleinwagen herstellen, könnten sich für die Belegschaft erhebliche Auswirkungen ergeben. Auch hier kommt es auf die konkreten Umstände an.

Insgesamt läßt sich feststellen, daß Literatur und Rechtsprechung mit Ausnahme der Ansätze von Fabricius nur wenig Hilfestellungen für die hier zu erörternde Problematik bieten.

b) Eigener Lösungsansatz

Im folgenden ist der Begriff „grundlegend" näher zu beleuchten, indem das Auslegungsinstrumentarium dargestellt wird, ohne jedoch schon Detailprobleme zu lösen.

---

[32] HzA Bd.4 (Gruppe 19) S.456 Rn.925.

[33] Galperin/Löwisch §111 BetrVG 1972 Rn.30a.

[34] Dietz/Richardi §111 BetrVG 1972 Rn.64; Fitting/Auffarth/Kaiser/Heither §111 BetrVG 1972 Rn.31.

[35] Stege/Weinspach §111 BetrVG 1972 Rn.34e.

[36] Stege/Weinspach §111 BetrVG 1972 Rn.34e.

aa) Wortinterpretation

Die grammatikalische Auslegung bietet nur wenig Hilfe für eine praktikable Definition. So wird „grundlegend" z. B. mit den Ausdrücken „sehr wichtig, wesentlich, von entscheidender Bedeutung" gleichgesetzt[37]. Dabei handelt es sich wieder um Termini, die einer Wertung bedürfen und somit zur begrifflichen Klärung wenig beitragen können. Die sprachliche Gleichsetzung mit „wesentlich" deutet jedoch an, daß bei einer eventuellen Quantifizierung von betroffenen Arbeitnehmern Vergleiche mit dem Tatbestandselement des §111 S. 2 Nr. 1 BetrVG 1972 „wesentliche Betriebsteile" erlaubt sind.

Weiter wird der Begriff „grundlegend" mit der Formulierung „als Voraussetzung dienend" umschrieben[38]. Auf den Fall der Änderung des Betriebszwecks übertragen, hilft auch diese Erläuterung nicht weiter, denn der verfolgte arbeitstechnische Zweck hat die Funktion eines Tatbestandselements zur Umschreibung des Betriebsbegriffs (s. o. B II 1) und prägt so den konkreten Betrieb. Jede Änderung würde somit den Betriebsbegriff und somit auch die Grundlage des Betriebs betreffen.

bb) Aspekte der Gesetzgebungsgeschichte

Die historische Auslegung ermöglicht hingegen, Anhaltspunkte für die Lösung einer Teilfrage zu gewinnen, nämlich daß der Gesetzgeber bei einer bestimmten Anzahl von betroffenen Arbeitnehmern einen Mitbestimmungstatbestand schaffen wollte, wenn eine bestimmte Qualität von Nachteilen zu Lasten der Belegschaft in Frage kommt.

Wie bereits mehrfach dargestellt, hatte der Gesetzgeber 1972 die Absicht, nicht mehr an dem Modell des Betriebsverfassungsgesetzes 1952 festzuhalten, in dem einzelne Betriebsänderungstatbestände aufgelistet waren, sondern war geneigt, das Mitbestimmungsrecht von einer Generalklausel abhängig zu machen. Danach sollte ein Mitbestimmungsrecht immer dann bestehen, wenn geplante Maßnahmen des Arbeitgebers

> „dazu führen können, daß
>
> 1. in Betrieben mit in der Regel mehr als 20 und weniger als 50 ständig beschäftigten Arbeitnehmern insgesamt mehr als 5 ständig beschäftigte Arbeitnehmer,
> 2. in Betrieben mit in der Regel mindestens 50 und weniger als 500 ständig beschäftigten Arbeitnehmern insgesamt 10 von Hundert der im Betrieb ständig

---

[37] Brockhaus, Deutsches Wörterbuch Bd. 3 S. 322 (1981); Drosdowski, Das große Wörterbuch der deutschen Sprache Bd. 3 S. 1096 (1977).

[38] Brockhaus, Deutsches Wörterbuch Bd. 3 S. 322 (1981).

beschäftigen Arbeitnehmern oder aber mehr als insgesamt 25 ständig beschäftigte Arbeitnehmer,

3. in Betrieben mit in der Regel mindestens 500 ständig beschäftigten Arbeitnehmern insgesamt mindestens 50 ständig beschäftigte Arbeitnehmer

entlassen werden oder auf eine andere Tätigkeit umgesetzt werden, für die das Arbeitsentgelt geringer ist, oder anderweitig wesentliche Nachteile erleiden[39], ...“

Der Regierungsentwurf ging also davon aus, daß bei einer bestimmten Anzahl von betroffenen Arbeitnehmern ein Mitbestimmungsrecht entsteht. Der Gesetzgeber knüpfte dabei an die Regelung des § 17 Abs. 1 KSchG in der damals gültigen Fassung an. Gleichzeitig wurden in dem Entwurf auch Vorstellungen zur Qualität der wesentlichen Nachteile angedeutet, indem mehrere Beispiele von solchen, wie z. B. Entlassungen, aufzählt wurden. Darauf wird später bei der Lösung der Einzelprobleme noch näher einzugehen sein. Daß dann schließlich an das alte Konzept des Betriebsverfassungsgesetzes 1952 angeknüpft wurde, lag nur daran, daß das Korrektiv des geplanten Absatzes 2, nämlich das Mitbestimmungsrecht dann entfallen zu lassen, wenn die geplanten Maßnahmen des Arbeitgebers

„durch nicht geplante Einschränkungen der Beschäftigungsmöglichkeiten im Betrieb, insbesondere auf Grund einer Veränderung der Auftragslage oder der wirtschaftlichen Lage des Betriebs bedingt sind, „

dem Gesetzgeber zu unbestimmt schien[40]. Der weit gefaßte Tatbestand des geplanten § 111 BetrVG machte dieses Korrektiv notwendig, so daß allein die Streichung des Absatzes 2 nicht möglich war, sondern der ganze Entwurf geändert werden mußte. Dieser macht jedoch auf jeden Fall deutlich, welchen Zweck der Gesetzgeber damals verfolgte, nämlich daß bei bestimmten materiellen Einwirkungen zu Lasten der Arbeitnehmer ein Mitbestimmungsrecht eingreifen sollte. Deswegen bietet der Entwurf heute noch ein wichtiges Auslegungsmittel.

Als Zwischenergebnis ist somit festzustellen, daß die Frage der grundlegenden Änderung auf Grund des damaligen Willens des Gesetzgebers nach den Auswirkungen auf die Belegschaft zu beurteilen ist. Anzuknüpfen ist an die Zahlen des § 17 Abs. 1 KSchG in der 1972 gültigen Fassung. Bezüglich der wesentlichen Nachteile hatte der Gesetzgeber als Beispiel vor allem finanzielle Verluste im Auge.

---

[39] Regierungsentwurf BT-Dr. VI/1786 zu § 111 S. 23.

[40] BT-Dr. Begr. zu VI/2729 S. 8 Nr. 2.

cc) Systematische und teleologische Auslegung

Systematische und teleologische Argumente überschneiden sich hier insoweit, als der Gesetzeszweck in §111 S. 1 BetrVG 1972 ausnahmsweise gesetzlich definiert ist (s.o. B I 1 c; B I 2 c). Der Begriff „grundlegend" ist hier als normatives Tatbestandsmerkmal nach dem Gesetzeszweck zu interpretieren. Deswegen soll auf diesen näher eingegangen werden.

Wie im Relativsatz des §111 S. 1 BetrVG 1972 selbst angedeutet, geht man allgemein davon aus, daß diese Norm die Belegschaft vor wesentlichen Nachteilen schützen will (vgl. oben B II 2 d dd)[41]. Dies wird insoweit präzisiert, als die Sicherung der sozialen und wirtschaftlichen Stellung, vor allem Sicherung der Arbeitsplätze, im Vordergrund steht[42]. Schaub bezieht auch den Schutz vor Arbeitserschwerung ein[43]. Welche Nachteile als wesentlich angesehen werden, kommt in der Begründung zum Regierungsentwurf von 1972 teilweise zum Tragen, denn hier werden Entlassungen, geringer bezahlte Tätigkeit bzw. andere wesentliche Nachteile genannt[44].

Bedeutsam ist, daß die §§111 ff BetrVG 1972 nicht nur wirtschaftliche, sondern auch andere Nachteile im Auge haben. Dies deuten auch die Autoren an, die als Schutzgut z.B. die soziale Stellung erwähnen. Dieses Ergebnis wird nicht zuletzt durch die Vorschrift des §112 Abs. 5 S. 1 BetrVG 1972 deutlich, wo im Rahmen des Sozialplans andere soziale Belange angesprochen werden.

Daraus folgt, daß eine *grundsätzliche* Änderung des Betriebszwecks immer dann vorliegt, wenn wesentliche Nachteile für die Belegschaft zu erwarten sind. Wie diese im Einzelnen auszusehen haben, wird an späterer Stelle erörtert.

Eigenständige Bedeutung hat die systematische Auslegung dann, wenn die wesentlichen Nachteile näher beleuchtet werden sollen. Hier kann man mit den Folgen, die die übrigen Katalogtatbestände des §111 S. 2 BetrVG 1972 nach sich ziehen, Vergleiche anstellen. So geht es bei der Stillegung oder Teilstillegung in der Konsequenz immer um den Verlust des konkreten Arbeitsplatzes. Die Verlegung des Betriebs ist mit einer Veränderung des Leistungsorts verbunden. Beim Zusammenschluß mit einem anderen Betrieb

---

[41] Vgl. z.B. BAG v.22.5.1979 AP Nr.4 Bl.3; v.26.10.1982 AP Nr.10 Bl.5; v.17.8.1982 AP Nr.11 Bl.2 jeweils zu §111 BetrVG 1972; vgl. auch BT-Sten.ber. VI Bd.75 S.5807.

[42] Fabricius/Kraft/Thiele/Wiese §111 BetrVG 1972 Rn.1; Gnade/Kehrmann/Schneider/Blanke §111 BetrVG 1972 Rn.1; Dietz/Richardi §111 BetrVG 1972 Rn.16.

[43] Schaub, Arbeitsrechts-Handbuch (6.Auflage 1987) §244 II 6 S.1574.

[44] BT-Dr. VI/Begr. zu Nr.1786 S.54.

wird die Organisation und damit möglicherweise die Einbindung des Arbeitnehmers in eine bestimmte Hierarchie geändert.

Auf diese Fragen soll näher eingegangen werden, wenn das Einzelproblem der Qualität der wesentlichen Nachteile aufgegriffen wird.

dd) Zwischenergebnis

Als Zwischenergebnis läßt sich somit festhalten, daß der Begriff „grundlegende Änderungen“ nach den Auswirkungen auf die Arbeitnehmer zu beurteilen ist. Ausgangspunkt für die Zahl der Betroffenen ist § 17 Abs. 1 KSchG in der 1972 geltenden Fassung, die dem Regierungsentwurf zum Betriebsverfassungsgesetz von 1972 im Wortlaut entsprach. Wesentliche Nachteile sind auf jeden Fall solche, die die übrigen Tatbestände des § 111 S. 2 Nr. 1 bis 3 BetrVG 1972 als notwendige Folge voraussetzen.

c) Lösung von Einzelproblemen

Nach einer einführenden Darstellung des Auslegungsinstrumentariums und des Zwischenergebnisses, daß sich die Beurteilung als grundlegende Änderung nach den wesentlichen Nachteilen zu Lasten der Belegschaft richtet, soll auf einzelne Problemfelder näher eingegangen werden.

Als erstes muß in diesem Zusammenhang geklärt werden, *wie viele Arbeitnehmer* überhaupt betroffen sein müssen. Im Anschluß daran stellt sich die Frage, von welcher *Qualität* die Belastungen auf die Belegschaft sein müssen, also ob beispielsweise Entlassungen, Änderungen der Arbeitsbedingungen oder Änderung der Arbeitsleistung die Folge sind, und wie intensiv sie den Einzelnen treffen müssen, also z. B. wieviel der geforderten Arbeitsleistung muß sich ändern, um ein Mitbestimmungsrecht auslösen zu können. In diesem Zusammenhang stellt sich das Folgeproblem, ob die nachteiligen Auswirkungen *abstrakt oder konkret* festgestellt werden müssen. Geklärt werden muß auch der Fall, daß die *Auswirkungen* für die betroffenen Arbeitnehmer *verschieden* sind, z. B. ein Teil entlassen wird, ein anderer eine geringfügig abweichende und ein weiterer wesentlich andere Arbeitsleistungen zu erbringen hat. Weiterhin ist zu untersuchen, ob eine relevante Veränderung der Belegschaftsstärke nur durch Kündigungen oder auch durch andere Maßnahmen wie zum Beispiel die geplante Ausnutzung der *Personalfluktuation* erfolgen kann. Außerdem stellt sich das Problem der Abhängigkeit der grundlegenden Änderung des Betriebszwecks davon, ob der alleinige *ausgetauscht* oder nur ein *neuer ergänzt* wird. Zum Schluß ist darauf einzugehen, ob das Bestehen einer grundlegenden Änderung von der *Art* und der *Größe* des Betriebs abhängig sein kann, d. h. ob für einen Betrieb, der z. B. stark der Mode unterworfene Artikel herstellt, andere Maßstäbe zu gelten haben als für Betriebe, deren Produkte langlebig sind.

aa) Regelmäßige Anzahl der betroffenen Arbeitnehmer

Im folgenden muß die Frage der Anzahl der betroffenen Arbeitnehmer präzisiert werden. Dabei wird zum einen untersucht, ob die Zahlenangaben in §17 Abs. 1 KSchG in der heute oder in der 1972 gültigen Fassung heranzuziehen oder gegebenenfalls zu modifizieren sind und zum anderen, ob es davon Ausnahmen gibt, insbesondere dann, wenn zwar weniger Arbeitnehmer betroffen sind, diese aber für den Betrieb eine besondere Funktion erfüllen, ohne die der Betrieb nicht existieren könnte. Desweiteren ist zu klären, ob die Zahlenangaben nur für Entlassungen oder auch für andere Nachteile gelten. Schließlich muß das Problem gelöst werden, wie eine Mitbestimmung zu beurteilen ist, wenn Änderungsmaßnahmen zeitlich gestaffelt durchgeführt werden und somit die Nachteile nicht auf einmal entstehen.

(1) Wie oben ausgeführt (B III 2 a aa) knüpft die herrschende Meinung in der Literatur an die Prozentangaben des §17 Abs. 1 KSchG in der heute geltenden Fassung an[45]. Begründet wird dies unter anderem damit, daß auch §66 Abs. 2 BetrVG 1952 bei Massenentlassungen von diesen Zahlen ausgegangen ist. Dabei ist man der Auffassung, daß der in §17 KSchG verfolgte arbeitsmarktpolitische Zweck einer Übertragung der Quoten auf das Betriebsverfassungsgesetz nicht entgegenstünde. Allerdings ist man in der Rechtsprechung[46] und überwiegend auch in der Literatur[47] der Ansicht, daß in Großbetrieben mit mehr als 1000 Arbeitnehmern mindestens 5% der Belegschaft betroffen sein müssen. Dies sei deswegen notwendig, weil die Frage, wann ein wesentlicher Teil der Belegschaft betroffen ist, nur im Verhältnis der Betroffenen zum Gesamtbetrieb beurteilt werden kann. Hierbei knüpft die Rechtsprechung zur Erlangung des Prozentsatzes an die

---

[45] BAG v.22.5.1979 AP Nr.3 Bl.4f; v.22.5.1979 Nr.4 Bl.6; v.22.1.1980 Nr.7 Bl.5, v.2.8.1983 Nr.12 Bl.2 jeweils zu §111 BetrVG 1972; Dietz/Richardi §111 BetrVG 1972 Rn.24, 46, 68; Fabricius/Kraft/Thiele/Wiese §111 BetrVG Rn.169ff; Fitting/Auffarth/Kaiser/Heither §111 BetrVG 1972 Rn.19a, 29; Galperin/Löwisch §111 BetrVG 1972 Rn.23a, 23b; Hess/Schlochauer/Glaubitz §111 BetrVG 1972 Rn.40, 23; Stege/Weinspach §111 BetrVG 1972 Rn.24 mit Beispielen; Denck RdA1982, 279, 294; Matthes DB1972, 286f.

[46] BAG v.22.1.1980 AP Nr.7 Bl.5 zu §111 BetrVG 1972; BAG v.2.8.1983 AP Nr.12 Bl.2 zu §111 BetrVG 1972.

[47] Dietz/Richardi §111 BetrVG 1972 Rn.24, 68, 46; Fitting/Auffarth/Kaiser/Heither §111 BetrVG 1972 Rn.19a, 29; Galperin/Löwisch §111 BetrVG 1972 Rn.23a, 23b; Hess/Schlochauer/Glaubitz §111 BetrVG 1972 Rn.40, 23; zur a. F. des §72 BetrVG 1952 vgl. Fitting/Kraegeloh/Auffarth Rn.8 m.w. N.

Regelung des Kündigungsschutzgesetzes in der 1972 geltenden Fassung an, in der bei einer Belegschaft von unter 500 Arbeitnehmern mindestens 50 betroffen sein mußten. Diese Mindestzahl wird ins Verhältnis zu 1000 Arbeitnehmern gesetzt und der sich daraus ergebende Quotient auf alle Großbetriebe übertragen[48].

Fabricius knüpft zwar an die Regelung des §17 Abs. 1 KSchG an, differenziert jedoch bezüglich der betroffenen Arbeitnehmer je nach dem, ob lediglich eine Beratungspflicht zugunsten des Betriebsrats oder weitergehende Mitbestimmungsrechte nach §§112ff BetrVG 1972 in Betracht kommen[49]. Eine einleuchtende Begründung für dieses Ergebnis bleibt Fabricius allerdings schuldig.

Teilweise wird auch die Auffassung vertreten, eine analoge Anwendung des §17 KSchG komme nicht in Frage, denn es sei immer der konkrete Einzelfall maßgebend[50]. Eine solche scheitere schon daran, daß die Regelung für Großbetriebe nicht passe, außerdem verfolge das Kündigungsschutzgesetz arbeitsmarktpolitische Zwecke. Dem wird entgegengehalten, daß die Rechtssicherheit eine Anknüpfung an §17 Abs. 1 KSchG gebiete[51]. Bei der Problematik der Großbetriebe wird vorgeschlagen, daß ein wesentlicher Betriebsteil in der Regel erst bei einem Prozentsatz von 10% vorliegen solle[52].

Die Rechtsprechung schränkt die Anwendung des §17 Abs. 1 KSchG insoweit weiter ein, als bei der Prüfung, ob eine Betriebseinschränkung vorliegt, von dem regelmäßigen Erscheinungsbild des Betriebs auszugehen ist, d.h. daß Schwankungen der Betriebstätigkeit, die mit der Eigenart des jeweiligen Betriebs zusammenhängen, keine Betriebseinschränkungen im Sinne des §111 BetrVG 1972 seien, auch wenn dabei eine größere Zahl von Belegschaftsmitgliedern betroffen sein sollte[53]. Allerdings betraf die Entscheidung die Thematik, ob eine Betriebseinschränkung durch bloßen Personalabbau vorliegt. Ob der Gedanke auch auf die Änderung des Betriebszwecks übertragen werden kann, muß noch näher erörtert werden.

Den vorgetragenen Auffassungen kann im Ergebnis nicht gefolgt werden.

Der herrschenden Meinung kann schon darin nicht beigepflichtet werden, daß die Zahlen des Kündigungsschutzgesetzes in der heute gültigen Fassung

---

[48] BAG v.22.1.1980 AP Nr.7 Bl.5 zu §111 BetrVG 1972.

[49] Dazu im Einzelnen: Fabricius/Kraft/Thiele/Wiese §111 BetrVG 1972 Rn.179; Fabricius Anm. zu BAG AP Nr. 12 zu §111 BetrVG 1972.

[50] Hunold BB1980, 1750, 1753; ders. BB1984, 2275, 2277.

[51] Denck RdA1982, 279, 294.

[52] Hunold BB1980, 1750, 1753; ders. BB1984, 2275, 2277.

[53] BAG v.22.5.1979 AP Nr.3 Bl.5 zu §111 BetrVG 1972.

anzuwenden sind. Ausgangspunkt dieser Frage ist die Überlegung, wann eine grundlegende Änderung vorliegt. Zur Interpretationshilfe wird der Gesetzeszweck, der in §111 S. 1 BetrVG 1972 festgeschrieben ist, herangezogen. In diesem Rahmen ist bei Untersuchung der betroffenen Personen der Begriff „erheblicher Teil der Belegschaft" auszulegen. Einer Analogie oder eines Rückgriffs auf das Kündigungsschutzgesetz bedarf es deswegen nicht, weil keine Regelungslücke besteht. Vielmehr muß nur der Begriff „erheblicher Teil der Belegschaft" interpretiert werden, denn die Auslegung geht der Analogie vor.

Wie oben ausgeführt (B III 2 b bb) eignet sich hierbei besonders die historische Auslegungsmethode. Der Regierungsentwurf[54] knüpfte bezüglich der Zahlenangaben an die alte Regelung des §66 Abs. 2 BetrVG 1952 an, wonach bei zu erwartenden Einstellungen oder Entlassungen

„...in Betrieben

1. mit in der Regel mehr als 20 und weniger als 50 Arbeitnehmern mehr als 5 Arbeitnehmer,
2. mit in der Regel mindestens 50 und weniger als 500 Arbeitnehmern 10 von Hundert der im Betrieb regelmäßig beschäftigen Arbeitnehmern oder aber mehr als 25 Arbeitnehmer,
3. mit in der Regel mindestens 500 Arbeitnehmern mindestens 50 Arbeitnehmer..."

der Betriebsrat zu beteiligen war. Dabei sollten die Normen des Kündigungsschutzgesetzes unberührt bleiben (§66 Abs. 3 BetrVG 1952). Dies zeigt deutlich, daß eine Ankoppelung an das Kündigungsschutzgesetz nicht gewollt war. Abgesehen davon war die damals herrschende Meinung schon der Auffassung, daß bezüglich der Zahlenangaben §66 BetrVG 1952 heranzuziehen sei[55]. Wollte der Gesetzgeber diesen Ansatz ändern, hätte er sich dazu sicher geäußert. Die Novellierung des Kündigungsschutzgesetzes hat somit auf die Auslegung des Begriffs „erheblicher Teil der Belegschaft" keine Auswirkung. Somit sind die damals festgelegten Werte auch heute noch zu berücksichtigen. Die Änderung des Kündigungsschutzgesetzes darf auch insoweit keinen Einfluß auf das Betriebsverfassungsgesetz haben, als der Zweck des Kündigungsschutzgesetzes ein völlig anderer ist. In § 17 KSchG geht es vor allem darum, die Arbeitsverwaltung auf Massenentlassungen vorzubereiten, während die Mitbestimmung in wirtschaftlichen Angelegenheiten den Ausgleich sozialer Nachteile für die Belegschaft regeln will.

Das Bundesarbeitsgericht begründet seine gegenteilige Auffassung damit, daß die Zahlen des §17 Abs. 1 KSchG nur Richtwerte seien und somit

---

[54] BT-Dr. VI/1786 zu §111 S.23.

[55] Fitting/Kraegeloh/Auffarth §72 BetrVG 1952 Rn. 8 m.w. N.

sowieso von der Rechtsprechung im Rahmen des Betriebsverfassungsgesetzes anzupassen seien. Eine solche hätte jedoch erfolgen müssen, da der Sprung bei einer Belegschaftszahl von 499 Arbeitnehmern auf 500 nicht hingenommen werden könne. Im ersten Fall genüge es, wenn 25 Arbeitnehmer entlassen werden, hingegen müßten im zweiten Fall 50 betroffen sein[56].

Dieser Sprung mag zwar dem Bundesarbeitsgericht nicht als billig erscheinen, dabei wird jedoch verkannt, daß der Gesetzgeber diesen Sprung schon in §66 BetrVG 1952 vorgesehen hat. Die differenzierte Regelung spricht eindeutig dafür, daß der Gesetzgeber die Problematik erkannt hat, dennoch das Gesetz in dieser Form verabschieden wollte. Dem Willen des historischen Gesetzgebers muß hier ungeteilt Rechnung getragen werden.

Der herrschenden Meinung kann aber auch darin nicht gefolgt werden, daß bei Großbetrieben eine Mindestzahl von 5% der betroffenen Belegschaftsmitglieder vorliegen müsse. Die Begründung, bei der Frage der Erheblichkeit einer bestimmten Arbeitnehmerzahl sei immer das Verhältnis dieser Arbeitnehmer zur Anzahl der Belegschaftsmitglieder im Gesamtbetrieb zugrunde zu legen[57], kann nicht überzeugen. Die differenzierte Regelung des §66 Abs. 2 BetrVG 1952 und der des Regierungsentwurfs 1972[58] zeigt, daß der Gesetzgeber nicht von festen Prozentsätzen ausgehen wollte. Eine solche Regelung wäre sprachlich viel einfacher zu formulieren gewesen. Die Absicht des Gesetzgebers, bei einer Belegschaftsstärke von über 499 Arbeitnehmern nicht weiter zu unterscheiden, muß respektiert werden, auch wenn dies den meisten Autoren nicht praxisgerecht erscheint.

Aber auch dem Argument der fehlenden Praktikabilität dieser Regelung bei Großbetrieben kann nicht beigepflichtet werden. Der Ansatz, die Erheblichkeit müsse immer anhand eines Verhältnisses zwischen betroffenen Arbeitnehmern und der Gesamtbelegschaft beurteilt werden, ist nicht überzeugend. Im Rahmen der Mitbestimmung in wirtschaftlichen Angelegenheiten geht es um den Schutz von Arbeitnehmern, der sich nicht auf den Einzelnen bezieht, sondern kollektiv ausgestaltet ist. Ab welcher Personenzahl der Schutz einsetzen soll, kann ebenso in absoluten Zahlen bestimmt werden. Es ist nicht von vorneherein einzusehen, daß diejenigen Arbeitnehmer, die in einem Großbetrieb beschäftigt sind, weniger schutzbedürftig sein sollen.

Abgesehen davon erscheint es willkürlich, einen Großbetrieb gerade ab 1000 Arbeitnehmern annehmen zu wollen und dann die Mindestzahl von 50 Arbeitnehmern, die im Kündigungsschutzgesetz in der 1972 gültigen Fas-

---

[56] BAG v.2.8.1983 AP Nr.12 Bl.2 zu §111 BetrVG 1972.

[57] BAG v.22.1.1980 AP Nr.7 Bl.5 zu §111 BetrVG 1972.

[58] BT-Dr. VI/1786 zu §111 S.23.

sung festgelegt war, dazu zu benützen, eine Prozentzahl dadurch ermitteln zu können, daß 1000 Arbeitnehmer ins Verhältnis zu 50 gesetzt werden. Desweiteren ist inkonsequent, warum hierbei nicht die heute gültige Fassung des Kündigungsschutzgesetzes herangezogen wird, das im übrigen ja auch analog angewandt wird. Bei der Ermittlung des Mindestprozentsatzes will man wieder auf den historischen Gesetzgeber zurückgreifen.

Als Gegeneinwand für eine prozentuale Höchstgrenze für Großbetriebe läßt sich auch nicht die eingefügte Vorschrift des §112a Abs. 1 BetrVG 1972 anführen. Hier hat der Gesetzgeber zwar ab über 499 Arbeitnehmern eine quotenmäßige Höchstgrenze geschaffen. Diese Norm ist jedoch nicht analog anwendbar, weil sie einen Sonderfall regelt, wie der Eingangssatz des §112a BetrVG 1972 zeigt. Abgesehen davon wird diese Norm auch bei „Mittelbetrieben" nicht entsprechend angewandt, obwohl bezüglich der Zahlenangaben dort ebenfalls weiter differenziert wurde, als dies der Regierungsentwurf, der bereits mehrfach zitiert wurde, vorsieht.

Schließlich hat auch der Gesetzgeber den vom Bundesarbeitsgericht angewandten Höchstprozentsatz nicht aufgegriffen, was eher gegen eine Billigung der Rechtsprechung spricht.

Bei der Lösung der Frage der Erheblichkeit von betroffenen Arbeitnehmern sind somit die Zahlenangaben des mit dem Regierungsentwurf von 1972 identischen §66 Abs. 2 BetrVG 1952 zugrunde zu legen, der wiederum hinsichtlich der Anzahl der Arbeitnehmer mit der damals geltenden Fassung des Kündigungsschutzgesetzes übereinstimmt.

Es ist noch zu klären, ob jede Personalveränderung zu berücksichtigen ist, oder ob die Argumentation des Bundesarbeitsgerichts, es komme auf das gewöhnliche Erscheinungsbild des Betriebs an[59], zutrifft, so daß derartige Personalschwankungen ausgenommen bleiben. Begründet wird diese Ansicht damit, daß eine solche Fluktuation von vorneherein dem betreffenden Betrieb vorgegeben ist und die dort tätigen Arbeitnehmer dies wissen. Wie dargestellt, verwendete das Bundesarbeitsgericht dieses Argument allerdings in anderem Zusammenhang. Es wollte damit den Begriff Betriebseinschränkung allein durch Personalabbau näher eingrenzen.

Fraglich ist, ob sich diese These auf die hier zu behandelnde Problematik übertragen läßt. Zwar handelt es sich bei beiden Tatbeständen um Betriebseinschränkungen. Der Unterschied liegt jedoch darin, daß bei der Betriebseinschränkung durch Personalabbau Ursache und Wirkung zusammenfallen, während bei der grundlegenden Änderung des Betriebszwecks die Frage der möglichen Auswirkungen auf die Belegschaft nur zum Teil für die

---

[59] BAG v. 22.5.1979 AP Nr. 3 Bl. 5 zu §111 BetrVG 1972.

Interpretation eines Tatbestandsmerkmals, nämlich „grundlegend“, herangezogen wird. Bei letzterem Mitbestimmungstatbestand steht zumindest schon fest, daß sich ein Betriebszweck geändert hat. Weil sich im ersten Fall die Frage eines Mitbestimmungsrecht allein nach den Auswirkungen auf die Arbeitnehmer beurteilen läßt, ist hier eine Einschränkung allein aus praktischen Gründen geboten, weil sonst z. B. bei einer reinen Saisonarbeit, wie das im Gaststättengewerbe in Bezug auf Fremdenverkehr zutrifft, die zwangsläufige Entlassung nach der Saison eine mitbestimmungspflichtige Maßnahme des Unternehmers wäre. Dies erkannte auch schon der Gesetzgeber beim Regierungsentwurf 1972[60]. Wie schon mehrfach angesprochen, richtete sich das Mitbestimmungsrecht allein nach den Wirkungen auf die Arbeitnehmer (s.o. B III 2bbb). Weil dieser zweite Mitbestimmungstatbestand auch betriebstypische Personalschwankungen umfaßt hätte, wurde bezüglich der Pflicht zur Aufstellung eines Sozialplans bzw. eines Interessenausgleichs folgende Einschränkung gemacht:

> „Der Betriebsrat hat in den Fällen des Absatzes 1 ein Mitbestimmungsrecht nach Maßgabe des §112. Dies gilt nicht, wenn Maßnahmen nach Absatz 1 durch nicht geplante Einschränkungen der Beschäftigungsmöglichkeiten im Betrieb, insbesondere auf Grund einer Veränderung des Auftragslage oder der wirtschaftlichen Lage des Betriebs bedingt sind.“

Diese hätte bei typischen Saisonarbeiten wie z. B. auch in der Bauwirtschaft dazu geführt, daß dieser Personalabbau keinem Mitbestimmungsrecht unterworfen gewesen wäre. Sie war somit notwendiges Korrektiv für den weit gefaßten Mitbestimmungstatbestand. Diese ist immer dann zwingend, wenn bei §111 BetrVG 1972 die Betriebseinschränkung ausschließlich im Personalabbau begründet ist. Insoweit liegt das Bundesarbeitsgericht genau auf der Ebene des damaligen Regierungsentwurfs. Dieser ist jedoch deswegen nicht angenommen worden, weil dem Gesetzgeber die erwähnte Einschränkung zu unbestimmt schien[61]. Die Katalogtatbestände machten diese aber überflüssig. Daraus ergibt sich, daß auch die Einschränkung beim Mitbestimmungstatbestand der grundlegenden Änderung des Betriebszwecks nicht notwendig ist. So ist bei einer beispielsweise saisonbedingten Entlassung keine Änderung des Betriebszwecks gegeben, so daß nicht die Gefahr besteht, daß dieses Vorgehen Mitbestimmungsrechte nach sich ziehen könnte.

Somit muß man zu dem Ergebnis kommen, daß jede Personalveränderung auf Grund einer Änderung des Betriebszwecks im Rahmen der oben angesprochenen Zahlen und Prozentangaben zu berücksichtigen ist.

---

[60] BT-Dr. VI/1786 zu §111 S.23.

[61] BT-Dr. VI/Begründung zu Nr.2729 S.8.

(2) Es erhebt sich weiter das Problem, ob von einem erheblichen Teil der Belegschaft nur dann ausgegangen werden kann, wenn die oben ausgeführten (B III 2caa(1)) Mindestzahlen von betroffenen Arbeitnehmern erreicht sind, oder ob auch die Bedeutung von einzelnen Arbeitnehmern oder Arbeitnehmergruppen für den Betrieb eine Rolle spielen.

Literatur[62] und Rechtsprechung[63] sprechen das Problem teilweise an, lassen die Frage jedoch weitgehend unbeantwortet. Zum Teil wird die Ansicht vertreten, die Zahlen des §17 Abs. 1 KSchG seien Mindestzahlen, so daß eine Betroffenheit von weniger Arbeitnehmern auf keinen Fall ausreichen könne[64]. Fabricius stellt hingegen klar, daß die Angaben des §17 Abs. 1 KSchG allenfalls als Richtschnur für die Frage der Erheblichkeit von betroffenen Arbeitnehmern dienen können und somit Flexibilität möglich ist[65]. Auch das Bundesarbeitsgericht verwendet im übrigen den Ausdruck „Richtschnur“[66], läßt aber die angesprochene Streitfrage ausdrücklich offen[67].

Bei der Lösung dieses Problems muß man sich darüber im klaren sein, daß die oben gefundenen Richtwerte zur Ausfüllung eines unbestimmten Rechtsbegriffs herangezogen werden, so daß daneben weiter der Einzelfall zu berücksichtigen ist[68].

Fraglich ist, ob der Gesetzgeber die Anzahl der betroffenen Belegschaftsmitglieder immer summenmäßig oder aber auch funktionell bewertet hat. Wie schon der mehrfach zitierte Regierungsentwurf zeigt, war die Gesetzgebungsinitiative von einer numerischen Abgrenzung geprägt. Dafür sprachen vor allem Praktikabilitätserwägungen. Es sind keine Anhaltspunkte ersichtlich, daß der Gesetzgeber an die wirtschaftliche oder funktionelle Bedeutung des Arbeitnehmers für den Betrieb anknüpfen wollte. Dies macht auch der neu eingefügte §112a Abs. 1 BetrVG 1972 deutlich, der ebenfalls nur Zahlen und Prozentsätze zur Regelung heranzieht.

---

[62] Stege/Weinspach §111 BetrVG 1972 Rn. 25 vgl. „Beispiele“; Heither ZIP 1985, 513, 516.

[63] LAG Hamm v. 30.8.1973 DB 1973, 2250, 2251; BAG v. 21.10.1980 AP Nr. 8 Bl. 4 zu §111 BetrVG 1972.

[64] Anders das LAG Hamm, das die Frage der Erheblichkeit ausschließlich von den Zahlen des §17 Abs.1 KSchG abhängig machen will: LAG Hamm v. 28.10.1976 DB 1977, 1054, 1055.

[65] Fabricius/Kraft/Thiele/Wiese §111 BetrVG 1972 Rn. 170.

[66] Vgl. z. B. BAG v. 22.5.1979 AP Nr. 3 Bl. 4 zu §111 BetrVG 1972.

[67] BAG v. 21.10.1980 AP Nr. 8 Bl. 4 zu §111 BetrVG 1972.

[68] Denck RdA 1982, 279, 294; Matthes DB 1972, 286, 287.

Eine Lösung nach der Funktion der einzelnen Arbeitnehmer wäre auch nicht systemgerecht. Wie bereits mehrfach angesprochen geht es bei dem Mitbestimmungsrecht in wirtschaftlichen Angelegenheiten um den kollektiven Schutz der Arbeitnehmer vor sozialen Nachteilen. Da das Betriebsverfassungsgesetz in diesem Rahmen nicht den einzelnen Arbeitnehmer schützen will, sondern nur eine größere Gruppe, kommt es dabei nur auf eine summenmäßige Differenzierung an. Ob diese durch absolute oder relative Zahlen zu erreichen ist, wurde bereits oben (B III 2 c aa (1)) erörtert. Die Funktion des Arbeitnehmers kann dabei aber keine Rolle spielen. Diese hat allenfalls darauf Einwirkungen, wie der wirtschaftliche Ertrag des Betriebs sich gestaltet. Dies ist aber nicht der Schutzbereich der §§111 ff BetrVG 1972. Auf die Arbeitsverhältnisse der anderen Arbeitnehmer hat diese Entscheidung keinen unmittelbaren Einfluß. Hat die Betriebszweckänderung unter Wegfall eines oder mehrerer funktionell wichtiger Arbeitnehmer auch Einfluß auf die anderen Arbeitnehmer, so sind letzere als unmittelbar betroffene auch zahlenmäßig zu berücksichtigen und, wie später noch zu zeigen sein wird, auch dann, wenn sie andere Nachteile, außer Entlassungen, befürchten müssen.

Ein Bedürfnis nach einer besonderen Berücksichtigung funktionell wichtiger Arbeitnehmer besteht im Rahmen dieses Mitbestimmungstatbestands nicht. Die Bedeutung der einzelnen Arbeitnehmer spielt somit für die Frage, wann ein erheblicher Teil der Belegschaft vorliegt, keine Rolle. Da jedoch mit Hilfe der Zahlenangaben des Regierungsentwurfs lediglich ein unbestimmter Rechtsbegriff ausgelegt wird, ist es jedoch durchaus denkbar, daß es atypische Fälle gibt, in denen schon die Betroffenheit von weniger Arbeitnehmern ausreichen kann oder aber in denen die Mindestzahlen nach oben zu korrigieren sind. Dies kann jedoch nur im Einzelfall entschieden werden. Aus Gründen der Rechtssicherheit und Praktikabilität kann der Meinung, daß auf abstrakte Zahlenangaben ganz verzichtet werden müsse, da es immer auf den konkreten Einzelfall ankomme, nicht zugestimmt werden[69], denn der Arbeitgeber muß über seine Pflichten Bescheid wissen, da ihm sonst die Konsequenzen des §113 BetrVG 1972 drohen[70].

(3) Ob die Zahlenangaben nur hinsichtlich Entlassungen gelten oder aber auch für andere Nachteile zu Lasten der Arbeitnehmer herangezogen werden können, ist einer Prüfung zu unterziehen.

Literatur und Rechtsprechung nehmen zu dem Begriff „erhebliche Teile der Belegschaft“ weitgehend im Zusammenhang mit dem Problem, ob ein Personalabbau ohne gleichzeitige Reduzierung der Betriebsmittel eine

[69] Hunold BB1980, 1750, 1753.

[70] So auch Matthes DB1972, 286, 287.

Betriebseinschränkung darstellt, dezidierter Stellung[71]. Demzufolge wird die hier aufgeworfene Frage zumeist nur unter dem Blickwinkel von Entlassungen erörtert. Fabricius hingegen stellt klar, daß die Zahlenangaben auch für andere Nachteile zu gelten haben[72]. Zur Begründung verweist er auf den bereits mehrfach zitierten Regierungsentwurf zu §111 BetrVG von 1972.

Dieser Meinung muß gefolgt werden. Der Wortlaut des §111 S. 1 BetrVG 1972 spricht eindeutig von Nachteilen, ohne daß diese qualitativ in irgend eine Richtung eingeschränkt werden. D.h. wenn ein relevanter Nachteil feststeht, worauf später noch einzugehen sein wird, dann sind diese Nachteile auch gleich zu behandeln[73], so daß in jedem Fall das bezüglich der Quantität der betroffenen Arbeitnehmer schon gewonnene Auslegungsergebnis heranzuziehen ist.

Diese Begründung wird auch durch den Regierungsentwurf von 1972 getragen. In diesem wurden den Entlassungen sowohl Umsetzungen mit der Folge von geringerem Arbeitsentgelt wie auch andere wesentliche Nachteile gleichgesetzt. Die festgelegten Zahlen- und Prozentangaben sollten sich auf alle wesentlichen Nachteile erstrecken. Abgesehen davon ist die Interessenlage bezüglich Rechtssicherheit und Praktikabilität gleich zu bewerten, wie in den Fällen von Entlassungen (s.o. B III 2 c aa (1)).

(4) Letztes Problem in diesem Zusammenhang ist, in welchem Rahmen zeitlich gestaffelte Maßnahmen, die zu wesentlichen Nachteilen, wie z.B. Entlassungen, führen, durchgeführt werden müssen, um diese als *eine* Betriebszweckänderung qualifizieren und somit die Anzahl der betroffenen Arbeitnehmer addieren zu können.

So wäre es denkbar, daß z.B. eine Brauerei, die ausschließlich Bier herstellt, zuerst zusätzlich Limonade und anschließend nur noch Limonade produziert. Bei beiden Betriebszweckänderungen einzeln betrachtet, wäre es möglich, daß die Zahl der betroffenen Arbeitnehmer nicht ausreichen würde. Demgegenüber stünde die sofortige Änderung von Bierherstellung zur Limonadenherstellung, wobei insgesamt genügend Arbeitnehmer betroffen sein würden, um Mitbestimmungsrechte des Betriebsrats auslösen zu können. Es fragt sich somit, ob der Unternehmer durch eine stufenweise Betriebszweckänderung das Mitbestimmungsrecht umgehen kann.

Literatur und Rechtsprechung, die §17 Abs. 1 KSchG als Maßstab anwenden wollen, sind sich weitgehend einig, daß der dort vorgeschriebene

---

[71] Vgl. z.B.: Dietz/Richardi §111 BetrVG 1972 Rn. 46; BAG v. 22.5.1979 AP Nr. 3 Bl. 4 zu §111 BetrVG 1972.

[72] Fabricius/Kraft/Thiele/Wiese §111 BetrVG Rn. 170.

[73] So auch Denck RdA 1982, 279, 294.

Zeitraum von 30 Kalendertagen im Rahmen der Auslegung des Begriffs „erhebliche Teile der Belegschaft“ nicht anwendbar ist[74]. Begründet wird dies damit, daß diese Frist allein auf den Schutz der Arbeitsverwaltung abstellt. Notwendig sei allein, daß zeitlich gestaffelte Maßnahmen in einem Zusammenhang stünden. Dies sei dann gegeben, wenn bezüglich der Maßnahmen ein einheitlicher Beschluß[75], also ein „Gesamtvorsatz[76]“ vorliege. Hunold dagegen sieht in der Nichtanwendbarkeit des Zeitlimits ein Indiz, daß die Vorschrift des §17 Abs. 1 KSchG überhaupt nicht als Maßstab passe[77], da zwischen den Zahlenangaben und dem Zeiterfordernis ein untrennbarer Zusammenhang bestehe.

Ansatzpunkt zur Lösung dieser Frage ist wieder die Vorschrift des §111 S. 1 BetrVG 1972. Danach setzt das Mitbestimmungsrecht nicht erst bei der Durchführung der Betriebsänderungen ein, sondern bereits bei der Planung. Nach der herrschenden Meinung in Rechtsprechung und Literatur ist unter „geplanter Betriebsänderung“ nicht gemeint, daß diese unbedingt planvoll gesteuert sein muß, es genügt vielmehr auch, wenn diese unvorhergesehen oder zwangsläufig z. B. auf Grund einer Notlage entsteht[78]. Begründet wird dies damit, daß der bereits mehrfach zitierte Regierungsentwurf 1972 in Absatz 2 Satz 2 eine Einschränkung für nicht geplante betriebliche Maßnahmen enthielt, der dann wegen dessen Unbestimmtheit nicht vom Gesetzgeber übernommen worden ist. Daraus könne man schließen, daß auch nicht geplante Betriebsänderungen vom Gesetz erfaßt werden[79]. Unter „geplant“ soll damit allein eine zeitliche Komponente angesprochen werden. Damit soll erreicht werden, daß der Betriebsrat schon nach der Planung zu beteiligen ist. Wann dieser genaue Zeitpunkt erreicht ist, braucht hier nicht erörtert zu werden[80], da hier nicht zur Diskussion steht, wann der Betriebsrat unterrichtet werden muß. Die gesetzliche Formulierung trifft damit jedoch nicht nur

---

[74] BAG v. 22.5.1979 AP Nr. 3 Bl. 5 zu §111 BetrVG 1972; Dietz/Richardi §111 BetrVG 1972 Rn. 46; Galperin/Löwisch §111 BetrVG 1972 Rn. 23c; Denck RdA 1982, 279, 294.

[75] Galperin/Löwisch §111 BetrVG 1972 Rn. 23c; Wlotzke NZA 1984, 217, 221.

[76] Denck RdA 1982, 279, 294f.

[77] Denck RdA 1982, 279, 294f.

[78] BAG v. 17.9.1974 AP Nr. 1 Bl. 3 zu §113 BetrVG 1972; BAG v. 13.12.1978 AP Nr. 6 Bl. 5 zu §112 BetrVG 1972; Dietz/Richardi §111 BetrVG Rn. 75; Fitting/Auffarth/Kaiser/Heither §111 BetrVG 1972 Rn. 35; Richardi Anm. zu BAG AP Nr. 1 zu §113 BetrVG 1972 Bl. 7; Ehmann Anm. zu BAG AP Nr. 2 zu §111 BetrVG 1972 Bl. 5, legt das Wort „geplant“ als finale Handlung des Unternehmers aus. Er stellt somit auch auf die Entscheidung ab.

[79] BAG v. 17.9.1974 AP Nr. 1 Bl. 3 zu §113 BetrVG 1972.

[80] Fitting/Auffarth/Kaiser/Heither §111 BetrVG 1972 Rn. 35 sehen z. B. diesen Zeitpunkt mit der Planungsreife erreicht, ohne dies jedoch näher zu konkretisieren.

eine Aussage über den Zeitpunkt des Einsatzes des Mitbestimmungsrechts, sondern trifft gleichzeitig auch eine gegenständliche Abgrenzung. Das Mitbestimmungsrecht bezieht sich somit nicht auf die einzelnen Maßnahmen, die durchgeführt werden, sondern auf die Konzeption der Änderung des Betriebszwecks, die der Unternehmer beabsichtigt. Abgestellt wird somit auf dessen subjektive Vorstellungen[81]. Hat in dem oben gewählten Beispielsfall der Unternehmer von Anfang an eine Umstellung der Bierproduktion auf die alleinige Herstellung von Limonade im Auge, so hat der Zwischenschritt keine unterbrechende Wirkung hinsichtlich der Frage, wieviel Arbeitnehmer von der Betriebszweckänderung betroffen sind. Der in der Literatur verwendete Begriff des „Gesamtvorsatzes[82]", der aus dem Bereich des Strafrechts entlehnt ist, hat somit seine inhaltliche Berechtigung.

Da es auf die Konzeption des Unternehmers ankommt, spielt es auch keine Rolle, ob der Unternehmer das Mitbestimmungsrecht umgehen will oder nicht, denn die Beteiligung des Betriebsrats ist nicht als Sanktion für unredliches Verhalten vorgesehen.

Wenn Tatbestände an subjektive Vorstellungen von Beteiligten anknüpfen, entstehen in der Praxis oftmals Schwierigkeiten, wie das Vorliegen solcher Tatbestandsvoraussetzungen nachgewiesen werden kann[83]. Wenn es sich in oben gewählten Eingangsfall um einen Einzelunternehmer handelt, läßt sich schwer nachweisen, ob der Arbeitgeber von Anfang an die alleinige Produktion von Limonade im Auge hatte. In der Praxis kann man sich dann nur mit der Konstruktion von widerlegbaren Vermutungen helfen.

Ein bestimmter zeitlicher Rahmen spricht dafür, daß eine Gesamtkonzeption vorliegt. Wie dieser Rahmen zu ziehen ist, hängt von den Gegebenheiten des konkreten Betriebs, wie z. B. der Größe oder der Anzahl der betroffenen Arbeitnehmer, ab. Es kann deshalb nur versucht werden, eine Einheit zu finden, die in der Regel für alle Betriebe paßt. Als solche zeitliche Dimension muß ein Jahr angesehen werden. In aller Regel kann davon ausgegangen werden, daß ein Unternehmer die Produkte, die er herstellen will, auf diesen Zeitraum vorwegplanen wird. Der Arbeitgeber müßte gegebenenfalls den Gegenbeweis für eine andere Planung anhand konkreter objektiver Umstände liefern.

Außer einem zeitlichen kann auch ein sachlicher Zusammenhang für einen einheitlichen Entschluß sprechen. Ein solcher sachlicher Zusammenhang ist

---

[81] BAG v. 6.6.1978 AP Nr. 2 Bl. 2 zu §111 BetrVG 1972.

[82] Denck RdA 1982, 279, 294f.; kritisch dazu Ehmann Anm. zu BAG AP Nr. 2 zu §111 BetrVG 1972 Bl. 5.

[83] Ohl AuR 1980, 108, 109 hält deswegen das Abstellen auf subjektive Elemente in der Praxis für nicht sehr glücklich.

z. B. gegeben, wenn eine qualitativ gleiche Betriebszweckänderung in mehreren Stufen vorgenommen wird. Z. B. wurde in der schon mehrfach zitierten Entscheidung des BAG[84] die Spielbank nacheinander dadurch erweitert, daß zuerst 15 dann 50 Spielautomaten zusätzlich aufgestellt worden sind. Diese Tatsache spricht dafür, daß ein einheitlicher Wille zur Erweiterung der Spielbank vorlag, auch wenn die Aufstellung der weiteren Spielautomaten ggf. unter dem Vorbehalt stand, daß die schon bestehenden Spielautomaten auch Gewinn bringen. Auch hier kann der Unternehmer auf Grund objektiv feststehender Tatsachen die Vermutung entkräften. So wurden z. B. in einem Fall, den das Bundesarbeitsgericht zu entscheiden hatte, nacheinander Arbeitnehmer entlassen. Es war sowohl ein zeitlicher als auch sachlicher Zusammenhang gegeben. Die letzte Entlassung mußte jedoch trotzdem für sich isoliert betrachtet werden, da sie auf Grund neu eingetretener objektiver Umstände geboten war[85].

Fraglich ist allenfalls noch, ob es bei Bejahung eines einheitlichen Entschlusses zeitliche Höchstgrenzen für die Durchführung der einzelnen Maßnahmen gibt. Da das Gesetz ausschließlich auf den subjektiven Willen des Unternehmers abstellt, indem es den Begriff „geplante“ verwendet, ist eine zeitliche Schranke abzulehnen.

Zusammenfassend läßt sich sagen, daß die gestaffelte Durchführung von Betriebszweckänderungen dann als eine Änderung qualifiziert werden muß, wenn seitens des Unternehmers ein einheitlicher Entschluß vorliegt. Ein solcher wird vermutet, wenn zwischen den einzelnen Stufen der Durchführung ein zeitlicher, d.h. ein Rahmen von einem Jahr, oder ein sachlicher Zusammenhang besteht. Liegt ein einheitlicher Entschluß vor, dann gibt es für die zeitliche Durchführung keine Höchstgrenzen.

bb) Qualität der wesentlichen Nachteile

Die zweite entscheidende Problematik beinhaltet die Qualität der wesentlichen Nachteile. Hierbei ist zum einen zu klären, ob unter Nachteilen nur wirtschaftliche Belastungen zu verstehen sind, zum anderen, wann Nachteile wesentlich sind.

(1) Bezüglich der Frage, ob als Nachteil im Sinne des §111 S. 1 BetrVG 1972 nur wirtschaftliche zu gelten haben, ist sich die Literatur weitgehend einig, daß der Mitbestimmungstatbestand alle negativen Auswirkungen erfassen will[86]. Auch die Rechtsprechung bringt durch die Formulierung

---

[84] BAG v.17.12.1985 AP Nr.15 zu §111 BetrVG 1972.

[85] BAG v.6.6.1978 AP Nr.2 zu §111 BetrVG 1972.

[86] So ausdrücklich: Fabricius/Kraft/Thiele/Wiese §111 BetrVG 1972 Rn.164; Fitting/Auffarth/Kaiser/Heither §111 BetrVG 1972 Rn.8; wie aus den Beispielen

„wesentliche Nachteile" zum Ausdruck, daß der Mitbestimmungstatbestand nicht nur auf wirtschaftliche Aspekte begrenzt ist, andernfalls hätte dies auch sprachlich dargestellt werden müssen[87].

Galperin, Löwisch sind allerdings der gegenteiligen Auffassung[88]. Sie begründen dies damit, daß wegen der Zielsetzung des §111 BetrVG, nämlich Schutz der Belegschaft vor wirtschaftlichen Nachteilen, auch nur diese relevant sein können. Außerdem seien andere soziale Belange der Arbeitnehmer schon in anderen Mitbestimmungstatbeständen z.B. §87 BetrVG 1972 geregelt.

Der herrschenden Meinung ist hier der Vorzug zu geben. Der Wortlaut des §111 S. 1 BetrVG 1972 spricht eindeutig von Nachteilen, ohne diese weiter begrifflich einzuschränken. Abgesehen davon ist Galperin, Löwisch nicht beizupflichten, daß §111 BetrVG 1972 nur den Zweck hätte, die Arbeitnehmer vor wirtschaftlichen Nachteilen zu bewahren (zum Gesetzeszweck siehe ausführlich B III 2 ccc). Gegen den Schutz vor anderen sozialen Nachteilen spricht auch nicht, daß diese schon in anderen Tatbeständen des Betriebsverfassungsgesetzes geregelt sind. Die Mitbestimmungsregeln des Betriebsverfassungsgesetzes überlappen sich häufig, wie an dem Beispiel der §§90, 106, 111 Abs. 2 BetrVG 1972 deutlich zu sehen ist. Auch aus den anderen Alternativen des §111 S. 2 BetrVG 1972 zeigt sich, daß nicht nur wirtschaftliche Nachteile in den Schutzbereich mit einbezogen sind. So geht es beim Zusammenschluß mit anderen Betrieben auch um innere Strukturveränderungen im Betrieb[89]. Dies ist aber nicht zwangsläufig mit finanziellen Verlusten für die Belegschaft verbunden. Letztlich spricht die Gesetzgebungsgeschichte für die hier vertretene Ansicht. Der Regierungsentwurf von 1972 sah neben den Entlassungen und Umsetzungen mit der Folge eines geringeren Arbeitsentgelts auch andere wesentliche Nachteile für relevant an[90], ohne den Begriff weiter einzugrenzen. Daß der Sozialplan vor allem den Ausgleich wirtschaftlicher Nachteile im Auge hat (vgl. z. B. §112 Abs. 5 Nr. 1 BetrVG 1972) liegt daran, daß Arbeitgeber und Betriebsrat nur diese Auswirkungen durch Ausgleichszahlungen wirksam regeln können. Andere negative Folgen können durch Vertrag nur schwer beseitigt oder abgemildert

---

zu ersehen ist, sind der selben Meinung auch: Gnade/Kehrmann/Schneider/Blanke §111 BetrVG 1972 Rn.9; Hess/Schlochauer/Glaubitz §111 BetrVG 1972 Rn.19; Stege/Weinspach §111 BetrVG 1972 Rn.7; Wlotzke §111 BetrVG 1972 Anm.3.

[87] Vgl. statt vieler Entscheidungen: BAG v.26.10.1982 AP Nr.10 Bl.6 zu §111 BetrVG 1972.

[88] Galperin/Löwisch §111 BetrVG 1972 Rn.20b.

[89] Vgl. z.B. Fabricius/Kraft/Thiele/Wiese §111 BetrVG 1972 Rn.138.

[90] BT-Dr. VI/1786 S.23; vgl. auch BT-Sten. Ber. VI Bd.75 S.5807, wo von „nachteiligen Wirkungen" auf die Arbeitnehmer gesprochen wird.

werden, vor allem wenn man soziales Ansehen oder andere immaterielle Nachteile betrachtet.

Als Ergebnis läßt sich so zusammenfassen, daß alle Nachteile im Rahmen des Mitbestimmungstatbestands in Betracht zu ziehen sind.

(2) Wesentlich schwieriger ist das Problem, wann Nachteile wesentlich sind. Wie oben ausgeführt (B III 2 a aa), lassen Literatur und Rechtsprechung diese Frage weitgehend ungeprüft. Fabricius bietet hingegen Beispiele, wann ein wesentlicher Nachteil vorliegen soll (s.o. B III 2 a bb)[91].

Im folgenden werden unter Heranziehung der Mitbestimmungstatbestände des §111 S. 2 Nr. 1-3 BetrVG 1972 Nachteile aufgezeigt, die immer als wesentliche Nachteile im Rahmen des §111 S. 2 Nr. 4 BetrVG 1972 qualifiziert werden müssen. Desweiteren werden Überlegungen zur Gesetzgebungsgeschichte angestellt, auf Grund derer ebenfalls bestimmte Folgen als wesentliche Nachteile zu beurteilen sind. Im Anschluß daran werden Fallgruppen von möglichen Nachteilen erarbeitet und untersucht, ob sich Kriterien finden lassen, die im Regelfall für das Vorliegen von wesentlichen Nachteilen sprechen.

α) Erstens sind die Tatbestände des §111 S. 2 Nr. 1-3 BetrVG 1972 bezüglich der Qualität bzw. der Zielrichtung der entstehenden Nachteile zumindest hinsichtlich ihrer typischen Folgen klarer als die der Nummern 4 und 5. Da alle Tatbestände des §111 S. 2 BetrVG 1972 dazu dienen, den Begriff der wesentlichen Nachteile näher auszufüllen, sind deren spezifische Konsequenzen auch im Rahmen weniger klarer Tatbestände zu beachten und können deswegen zu deren Auslegung mit herangezogen werden.

Zweitens enthalten im Gegensatz zu den Nummern 4 und 5 die Nummern 1 bis 3 nicht das Tatbestandsmerkmal „grundlegend". Dieses dient jedoch als Korrektiv für das Mitbestimmungsrecht, weil in den erstgenannten Tatbeständen die Belastungen für die Belegschaft nicht hinreichend klar sind. Wenn aber Nachteile, die der Gesetzgeber bereits bei den Tatbeständen der Nummern 1 bis 3 als relevant eingestuft hat, im Rahmen der Nummern 4 und 5 zu erwarten sind, ist eine einschränkende Korrektur durch den Begriff „grundlegend" entbehrlich, weil es durch die entsprechende Folge in einer der Nummern 1 bis 3 ersetzt werden kann.

Liegen somit negative Auswirkungen vor, die im Rahmen der Nummern 1 bis 3 typisch sind, sind wesentliche Nachteile bzw. ist eine grundlegende Änderung gegeben.

Hinsichtlich des Tatbestandes *Stillegung* des Betriebs oder eines Betriebsteils, ist es klar, daß Arbeitnehmer aus dem Betrieb ausgegliedert werden

91 Fabricius/Kraft/Thiele/Wiese §111 BetrVG 1972 Rn. 166.

müssen. Dies geschieht entweder durch Entlassungen oder durch Versetzungen, wobei hier Versetzung nicht im Sinne des §95 Abs. 3 S. 1 BetrVG 1972, sondern nur als eine örtliche Eingliederung in einen anderen Betrieb zu verstehen ist. Diese Nachteile sind somit auf jeden Fall als wesentliche Nachteile zu qualifizieren. Bei Entlassungen ist dies auch schon auf Grund der historischen Auslegung klar, weil der Regierungsentwurf von 1972 diese ausdrücklich so bezeichnet hat[92]. Hinsichtlich der Versetzungen ist festzustellen, daß es auf die Höhe des Arbeitsentgelts nicht ankommt. Anders war dies im Regierungsentwurf vorgesehen, wobei jedoch offen bleibt, von welchem Versetzungsbegriff dieser ausging.

Auch der Tatbestand der *Betriebseinschränkung* zieht als typische Folge die Entlassung oder die Versetzung von Arbeitnehmern nach sich, da in dem entsprechenden Betrieb weniger Arbeit angeboten wird. Auf den Streit, ob nur die Verminderung der Leistung der Betriebseinrichtungen oder aber auch schon die geringere Ausnutzung derselben der Mitbestimmung unterworfen ist[93], braucht hier nicht näher eingegangen zu werden, da dieser an der Qualität der Nachteile nichts ändert.

Typische Folge der *Verlegung* des Betriebs ist, daß der Arbeitsplatz an einem anderen Ort liegt. Auch hier ist somit wieder die Versetzung die Konsequenz.

Schließlich ist zu erörtern, welche Belastungen der *Betriebszusammenschluß* nach sich zieht. Es ist umstritten, ob ein solcher nur so erfolgen kann, daß beide vom Zusammenschluß betroffenen Betriebe ihre Identität verlieren[94] oder ob ein bestehender Betrieb einen anderen unter Aufgabe von dessen Identität aufnimmt[95]. Auch dieser Streit kann letztlich dahinstehen, da in beiden Varianten die typischen sekundären Folgen gleich sind. Dabei braucht die eine, nämlich die möglichen Kompetenzänderungen der Betriebsräte, nicht aufgegriffen zu werden, da hier nur wesentliche Nachteile zu Lasten der Belegschaft relevant sind. Die zweite Variante beinhaltet, daß sich im neuen Betrieb andere Organisationsstrukturen ergeben als in dem ursprünglichen. Z. B. gibt es statt der ehemals zwei Betriebsleiter nur noch einen. Möglicherweise werden Arbeitsgruppen oder die betriebliche Hierarchie geändert. Entlassungen bzw. Betriebs- oder Ortswechsel können ebenfalls ausgelöst werden. Daraus läßt sich zumindest ableiten, daß der Gesetzgeber innerbetriebliche Strukturveränderungen oder Betriebswechsel

---

[92] BT-Dr. VI/1786 S.23.

[93] Fitting/Auffarth/Kaiser/Heither §111 BetrVG 1972 Rn.18 m.w. N.

[94] So Fabricius/Kraft/Thiele/Wiese §111 BetrVG 1972 Rn.140.

[95] So Fitting/Auffarth/Kaiser/Heither §111 BetrVG 1972 Rn.27; Dietz/Richardi §111 BetrVG 1972 Rn.53.

als qualitativ wesentlich angesehen hat. Betreffen diese somit die oben (B III 2 c aa) erarbeiteten Richtwerte, besteht eine grundlegende Änderung.

Dieser Aspekt läßt sich so zusammenfassen, daß Entlassungen, Betriebs- bzw. Ortswechsel und innerbetriebliche Veränderungen der Organisationsstruktur immer als wesentliche Nachteile qualifiziert werden müssen, wenn die entsprechenden Werte, die der Regierungsentwurf vorgesehen hat, erreicht werden.

β) Aber auch historische Überlegungen führen dazu, daß ein weiterer Nachteil immer als wesentlich charakterisiert werden muß. Im Regierungsentwurf von 1972[96] wurde ausdrücklich die Umsetzung auf eine andere Tätigkeit mit der Folge eines geringeren Arbeitsentgelts als wesentlicher Nachteil gesehen. Dieser Gedanke kann ohne weiteres auf die heute geltende Gesetzesfassung transferiert werden. Wie bereits ausgeführt (s.o. B I 1 b bb), wollte der Gesetzgeber durch die Wiederaufnahme der katalogmäßigen Umschreibung nicht das Mitbestimmungsrecht gegenüber seinem ursprünglichen Willen einschränken. Es sind zudem keine Gründe ersichtlich, weshalb der Normgeber den Begriff „wesentlicher Nachteil“ in der heute geltenden Fassung des §111 S. 1 BetrVG 1972 anders beurteilt hat als im Regierungsentwurf von 1972.

γ) Im folgenden sollen Nachteile zu Lasten der Arbeitnehmer systematisiert und in Fallgruppen unterteilt werden. Für diese soll dann entschieden werden, ob sie als wesentlich eingestuft werden können.

Die erste Gruppe von Nachteilen ist dadurch gekennzeichnet, daß der *Status* des Arbeitnehmers geändert wird. Es wird in das Grundverhältnis Arbeitgeber, Arbeitnehmer eingegriffen. Dies geschieht durch die Aufhebung der vertraglichen Beziehungen, entweder durch Kündigungen oder im gegenseitigen Einvernehmen. Diese Statusveränderungen stellen auf jeden Fall, wie gerade ausgeführt (B III 2 c bb (1)), wesentliche Nachteile dar.

Die zweite Gruppe betrifft Fälle, in denen die durch den Arbeitsvertrag festgelegten *gegenseitigen Hauptleistungspflichten* geändert werden. Dies erfolgt entweder mit Hilfe von Änderungskündigungen oder ebenfalls durch übereinstimmende Vertragsanpassung, nicht aber auf Grund des Direktionsrechts des Arbeitgebers, soweit die Hauptleistungspflichten im Arbeitsvertrag geregelt sind. Diese werden durch die Höhe des Arbeitsentgelts, den Gegenstand der Arbeitsleistung, den Ort und die Dauer der Leistungserbringung bestimmt. Unter Umständen können die Hauptleistungspflichten des Arbeitnehmers auch durch die Stellung bzw. genauer durch die Funktion in der Betriebshierarchie geprägt werden, weil sie für dessen konkrete Arbeit

[96] BT-Dr. VI/1786 S.23 zu §111 Abs.1.

mit bestimmend ist. Diese Bereiche müssen deswegen als *konstitutive* Regelungspunkte im Vertrag festgehalten werden. Allein dieser Umstand zeigt, daß diese Fragen für das Arbeitsverhältnis wesentlich sind. Dies führt zu dem Ergebnis, daß eine Betriebszweckänderung, die eine Änderung der Hauptleistungspflichten nach sich zieht, hierzu zählt auch die Stellung im Betrieb, wenn sie Einflüsse auf die Hauptleistungen des Arbeitnehmers hat, mit wesentlichen Nachteilen verbunden ist und somit eine grundlegende Änderung kennzeichnet. Zu Recht wird auch im Rahmen des Tatbestands des §111 S. 2 Nr. 5 BetrVG 1972 die Meinung vertreten, eine Änderung der Arbeitsinhalte sei immer grundlegend[97]. Schwierig kann die Frage sein, wann eine Änderung der Arbeitsleistung über den Arbeitsvertrag hinaus vorliegt, oder ob eine bestimmte Arbeit noch vom Arbeitsvertrag mit umfaßt wird und deswegen auf Grund des Direktionsrechts des Arbeitgebers einseitig bestimmt werden kann. Dies muß letzten Endes durch Auslegung des Vertrags entschieden werden. So ist z.B. auch eine mögliche Erschwerung der Arbeitsleistung zu beurteilen. Ist diese noch vom Arbeitsvertrag gedeckt, stellt sie auch keinen wesentlichen Nachteil im Sinne des §111 S. 1 BetrVG 1972 dar.

Eine dritte Fallgruppe betrifft *andere Vertragsabreden* wie z.B. Vereinbarungen über Arbeitszeit (nicht über deren Dauer) oder bestimmte soziale Leistungen. Dadurch, daß solche Regelungen im *Einzelfall* in den Arbeitsvertrag *aufgenommen* werden, zeigt sich, daß diese eine bestimmte Bedeutung haben sollen und deswegen dem einseitigen Direktionsrecht des Arbeitgebers entzogen sind. Eine Umgestaltung solcher Bestimmungen bedürfte einer Änderungskündigung oder ggf. einer ablösenden Betriebsvereinbarung. Also bestünde auch hier ein wesentlicher Nachteil, so daß eine Änderung als grundlegend charakterisiert werden müßte.

Nachdem bezüglich dieser Fallgruppen an den Arbeitsvertrag angeknüpft wird, stellt sich die Frage, ob die Arbeitsvertragsparteien durch individuelle Vertragsgestaltung das Mitbestimmungsrecht beeinflussen können.

Dies ist jedoch zu verneinen. Das Ergebnis läßt sich zum einen damit begründen, daß der einzelne Arbeitnehmer nicht in die betriebsverfassungsrechtlichen Kompetenzen seines Vertretungsorgans eingreifen darf. Diese Rechte hat der Betriebsrat auf Grund des Repräsentationsprinzips von der Belegschaft erhalten. Der Grundsatz, daß Betriebsverfassungsrecht und Individualarbeitsrecht hinsichtlich möglicher Folgen strikt voneinander zu trennen sind, muß auch in diesem Bereich Geltung beanspruchen.

Ganz abgesehen davon dient das Betriebsverfassungsgesetz dem Schutz der einzelnen Arbeitnehmer. Dieser Schutz ist nur gewährleistet, wenn er für

---

[97] LAG Berlin v. 31.3.1981 DB 1981, 1519, 1522.

die Vertragsparteien unabdingbar ist. Diese Konsequenz hat das Betriebsverfassungsgesetz von 1972 in dessen §77 Abs. 4 für die Betriebsvereinbarung ausdrücklich getroffen. Demgemäß kann der einzelne Arbeitnehmer auch nicht auf Leistungen in einem Sozialplan vorab verzichten, da nach §112 Abs. 1 S. 3 BetrVG 1972 die Regelungen über die Betriebsvereinbarung entsprechend gelten. Diese Normen könnten jedoch unterlaufen werden, wenn die Parteien bereits durch die Gestaltung des Arbeitsvertrags einem Mitbestimmungsrecht den Boden entziehen könnten.

Nachdem hinsichtlich der Frage der Wesentlichkeit von Nachteilen an den Arbeitsvertrag angeknüpft wird, darf somit nicht der individuell ausgehandelte Vertrag herangezogen werden, sondern es muß ein anderes Kriterium gefunden werden. Die Üblichkeit einer vertraglichen Regelung bietet sich hier an, da diese für die Ausgewogenheit spricht und nicht die Gefahr besteht, daß damit bewußt Mitbestimmungsrechte beeinträchtigt werden sollen.

Auch im Betriebsverfassungsgesetz von 1972 wurde in §95 Abs. 3 S. 2 hinsichtlich der Ausnahmeregelung bei Versetzungen auf dieses Kriterium Bezug genommen. Der Grundsatz kann hier entsprechend eingreifen. In Literatur und Rechtsprechung ist man sich bezüglich dieses Punktes einig, daß allein die faktischen Verhältnisse maßgebend sind und auch eine Einwilligung des Arbeitnehmers in die Versetzung keinen Einfluß auf die Mitbestimmungsrechte des Betriebsrats haben kann[98]. Dies wird nicht nur mit dem Schutz des einzelnen Arbeitnehmers begründet, sondern auch damit, daß eine Versetzung für Dritte mittelbar Nachteile haben kann, über die der zu versetzende Arbeitnehmer nicht disponieren darf[99]. Dieser Ansatz ist auch auf die hier vorliegende Problematik zu übertragen. Der möglicherweise einwilligende Arbeitnehmer würde, wenn dessen Einverständnis für das Mitbestimmungsrecht relevant wäre, keinen wesentlichen Nachteil erleiden und würde somit bei der Zählung der betroffenen Arbeitnehmer ausfallen, so daß unter Umständen die notwendigen Richtwerte nicht mehr erreicht werden würden. Auf diese Weise könnte er zu Lasten der anderen Betroffenen das Mitbestimmungsrecht beeinflussen. Was für die einseitige Einwilligung gilt, muß aber auch für Vertragsabreden zutreffen, die nicht den typischen Vereinbarungen entsprechen.

Bei der Anknüpfung an den Arbeitsvertrag ist somit vom typischen Regelungsgehalt derartiger Vereinbarungen auszugehen. Dies wird besonders bei der Beschreibung der Hauptleistung relevant. Je spezieller ein

---

[98] Dietz/Richardi §99 BetrVG 1972 Rn. 90, 92; Fitting/Auffarth/Kaiser/Heither §111 BetrVG 1972 Rn. 29; Fabricius/Kraft/Thiele/Wiese §111 BetrVG 1972 Rn. 57; BAG v. 18.2.1986 AP Nr. 33 Bl. 4f zu §99 BetrVG 1972.

[99] BAG v. 18.2.1986 AP Nr. 33 Bl. 4f zu §99 BetrVG 1972.

Ausbildungsberuf ist, desto weniger ist es in Hinsicht auf das Mitbestimmungsrecht möglich, den jeweiligen Tätigkeitsbereich offen zu halten. So mag ein Arbeitsvertrag eines Elektroingenieurs, der gleichzeitig die Klausel enthält, notfalls auch als Kaufmann tätig zu sein, individualvertraglich zu einer Änderung der Hauptleistung berechtigen, für das Mitbestimmungsrecht bleibt die Klausel irrelevant, weil sie für derartige Berufe nicht üblich ist. Es kommt somit auf die Berufs- bzw. Branchenüblichkeit an.

Eine vierte Gruppe beinhaltet Veränderungen außerhalb des Arbeitsvertrags, die sich auf *Beziehungen innerhalb der Belegschaft* bzw. auf die *betriebliche Ordnung* auswirken. Dies können soziale Kontakte sein, wie z. B. die Möglichkeit sich mit Kollegen während der Arbeit zu unterhalten oder aber allein in einem Büro zu arbeiten. Dazu gehört auch, mit welchen Mitarbeitern es der Einzelne zu tun hat. Es kann sich aber auch um leistungsbestimmende Faktoren handeln, wie z. B. die Schaffung oder Beseitigung einer effizienten Arbeitsgruppe. Solche Umstände werden typischerweise nicht in einem Arbeitsvertrag geregelt, weil die Parteien sie nicht für wichtig halten und abgesehen davon, wie im Fall der betrieblichen Ordnung, die Betriebspartner zuständig sind.

Eine Änderung dieser Faktoren ist deswegen nicht als wesentlich zu qualifizieren, weil die Arbeitsvertragsparteien selbst keine Relevanz für eine vertragliche Regelung sehen. Eine Abrede im Arbeitsvertrag ist somit Indiz für die Bejahung einer Wesentlichkeit im Sinne des § 111 S. 1 BetrVG 1972. Im Fall der betrieblichen Ordnung ist dieses Ergebnis für die Belegschaft sowieso nicht nachteilig, weil der Betriebsrat hier ein Mitbestimmungsrecht nach § 87 Abs. 1 Nr. 1 BetrVG 1972 hat. Ausnahmen sind dann gegeben, wenn in der konkreten Situation eines der Merkmale für einen potentiellen Arbeitsplatzbewerber von entscheidender Bedeutung ist und er auf den bestehenden Status vertrauen darf.

Im Grundsatz ist aber festzuhalten, daß derartige Veränderungen nicht relevant im Sinne des § 111 S. 2 Nr. 4 BetrVG 1972 sind, außer es wurde ein besonderer Vertrauenstatbestand zugunsten Einzelner geschaffen.

Die fünfte Gruppe betrifft Aspekte des *sozialen Ansehens* der Arbeitnehmer. Deren berufliche Stellung bestimmt nicht nur die Hauptleistungspflichten, sondern auch das Sozialprestige. Eine Betriebszweckänderung kann sich z. B. für den Leiter einer wichtigen Abteilung insoweit auswirken, als er in Zukunft einer unwichtigeren mit einem geringeren sozialen Ansehen vorsteht, obwohl sich seine Arbeit dabei nicht ändert. Solche Umstände sind normalerweise ebenfalls nicht im Arbeitsvertrag geregelt und unterliegen somit dem Direktionsrecht des Arbeitgebers. Solche Auswirkungen müssen deshalb als unwesentliche Nachteile in Kauf genommen werden, da kein Vertrauensschutz besteht.

Eine sechste Gruppe bezieht sich schließlich auf *Zukunftserwartungen*, die nicht vertraglich abgesichert sind oder sein können, weil z. B. Dritte bei einer Leistung beteiligt sind (z. B. beim Trinkgeld). Möglich sind solche wirtschaftlicher Art, wie z. B. die Erwartung, ein bestimmtes Aufkommen an Trinkgeld zu bekommen oder bestimmte Aufstiegschancen im Betrieb zu haben, oder aber ideell motivierte, wie z. B. die Chance, sich bestimmte berufliche Fähigkeiten zu erwerben, sich in der Branche eine Namen zu machen, oder bestimmte Qualifikationen im Betrieb zu erreichen. Solche Erwartungen werden normalerweise nicht im Arbeitsvertrag geregelt, dennoch sind diese Kriterien für eine Arbeitsplatzwahl von erheblicher Bedeutung. Es gibt beispielsweise Berufe, wie das Friseurhandwerk oder Tätigkeiten in der Gastronomie, wo Trinkgelder einen erheblichen Teil des Verdienstes ausmachen, weil sie allgemein üblich sind. Dazu gehört auch beispielsweise das Trinkgeldaufkommen bei Spielbanken. Die berufliche Profilierung spielt z. B. bei Künstlern eine bedeutende Rolle.

Wenn also auf Grund der konkreten Umstände, etwa wegen Verkehrsüblichkeit oder besonderer betrieblicher Konstellationen, ein bestimmter Vertrauenstatbestand besteht, würde eine Änderung dieser Fakten einen wesentlichen Nachteil darstellen. Deswegen ist in dem vom Bundesarbeitsgericht[100] entschiedenen Fall die andersartige Verteilung des „Tronc“ ein wesentlicher Nachteil.

δ) Zusammenfassend ist somit festzustellen, daß dem Arbeitsvertrag für die Frage, ob eine grundlegende Änderung vorliegt, eine entscheidende Bedeutung zukommt[101]. Da das Mitbestimmungsrecht nicht zur Disposition der Arbeitsvertragsparteien stehen darf, kann es aber nicht darauf ankommen, welche Regelungen die konkreten Verträge enthalten, sondern entscheidend ist allein, was üblicherweise in einer bestimmten Branche geregelt wird. Als essentialia des Vertrags sind das auf jeden Fall die Art der gegenseitigen Hauptleistungspflichten. Ist also zur Durchsetzung der Betriebszweckänderung üblicherweise eine Änderungskündigung oder eine einvernehmliche Vertragsanpassung notwendig, scheidet eine einseitige Weisung des Arbeitgebers aus, dann liegt eine grundlegende Änderung vor. Zweites Kriterium ist ein bestimmter Vertrauenstatbestand, der für den status quo des Betriebs spricht und gewisse Zukunftserwartungen wirtschaftlicher oder ideeller Art weckt[102]. Ist durch Betriebsüblichkeit oder durch allgemeine Sitten (vgl. Trinkgeld) ein solcher geschaffen, so ist eine Änderung dieser Fakten dann

---

[100] BAG v. 17.12.1985 AP Nr. 15 zu § 111 BetrVG 1972.

[101] Vgl. auch offensichtlich ArbG Hagen, zitiert bei Hunold BB 1984, 2275, 2276 Fn. 9.

[102] Vgl. z. B. LAG Hamm v. 8.12.1982 DB 1983, 832, 833 für Beförderungschancen.

grundlegend, wenn die Zukunftserwartungen für die Wahl des Arbeitsplatzes entscheidend sind[103]. Der Wunsch auf Beibehaltung bestimmter Kontakte mit Arbeitskollegen ist in der Regel ebenso wenig schützenswert wie Vorstellungen bezüglich des allgemeinen sozialen Ansehens. Dies ist schon deswegen so zu beurteilen, weil die Frage des sozialen Ansehens bzw. des Kontakts mit Kollegen dem persönlichen Geschmack unterworfen ist und somit nicht an allgemein gültigen Maßstäben gemessen werden kann. Eine letztes Kriterium, das für alle Fallgruppen gleichsam gilt, ist eine zeitliche Komponente[104]. In den oben behandelten Fällen wird davon ausgegangen, daß die nachteilige Wirkung auf die Arbeitnehmer auf Dauer besteht. Es ist jedoch auch denkbar, daß solche nur für eine Übergangszeit auftreten, z. B. müssen die Arbeitnehmer nur für die Zeit der Einarbeitung wirtschaftliche Verluste hinnehmen. Ein allgemein gültiger Maßstab kann hier nicht angegeben werden. Es kommt auf die Umstände des Einzelfalls an, wobei die Schwere der Nachteile und der Zeitfaktor ins Verhältnis zu setzen sind. Nachteile, die nicht länger als einen Monat andauern, dürften allerdings nur in Ausnahmefällen als wesentliche Nachteile qualifiziert werden. Insoweit kann an die Regelung des §95 Abs. 3 S. 1 BetrVG 1972 angeknüpft werden. Diese Vorschrift dient zwar anderen Zwecken, der Grundsatz, daß derartige kurze Veränderungen bezüglich eines Mitbestimmungsrechts nicht ins Gewicht fallen, kann jedoch auch hier als allgemein gültiger Maßstab herangezogen werden.

Letzten Endes kommt es aber immer auf den Einzelfall an. Unabhängig von den Fallgruppen ist ein Nachteil immer dann wesentlich, wenn die Änderung der Arbeitsbedingungen für die Arbeitnehmer unzumutbar ist. Hier greift somit der allgemeine Grundsatz von Treu und Glauben gemäß §242 BGB ein[105].

cc) Intensität der Nachteile für den Einzelnen

Kurz gestreift werden soll die Frage nach der für ein Mitbestimmungsrecht notwendigen Intensität der Belastung gegenüber dem einzelnen Arbeitnehmer, um von einem wesentlichen Nachteil sprechen zu können. Dieser Komplex wurde oben (B III 2 c bb (2) γ, δ) bereits angesprochen und soll hier nur noch zusammengefaßt werden.

Bei den Fallgruppen, in denen sich die wesentlichen Nachteile aus einem Abweichen von arbeitsvertraglichen Abreden ergeben, sind diese für den

---

[103] A. A. Hunold BB 1975, 1439, nach dessen Ansicht nur der status quo des Betriebs zählt.

[104] So auch Fabricius/Kraft/Thiele/Wiese §111 BetrVG 1972 Rn. 166.

[105] So auch Fabricius/Kraft/Thiele/Wiese §111 BetrVG 1972 Rn. 164.

Einzelnen dann relevant und somit wesentlich, wenn die Durchführung der Maßnahme nicht mehr vom Direktionsrecht des Arbeitgebers gedeckt wäre. Wie schon ausgeführt, ist dazu der Arbeitsvertrag auszulegen. Aber auch hier kommt es nicht auf den konkreten Arbeitsvertrag an, sondern auf den in der Branche üblichen (s.o. B III 2 c bb (2) δ).

Entstehen Nachteile durch eine Änderung der Voraussetzungen für Zukunftserwartungen, ist der notwendige Grad der Intensität dann erreicht, wenn Punkte geändert werden, die von einem verständigen Arbeitnehmer in der konkreten Situation für die Wahl des Arbeitsplatzes bestimmend gewesen wären.

dd) Aufeinandertreffen verschiedener Nachteilsfolgen

Wie zu verfahren ist, wenn in einem Betrieb verschiedene Nachteile bei Belegschaftsmitgliedern entstehen oder diese unterschiedlich intensiv wirken, läßt sich ohne Schwierigkeiten beantworten. Soweit die Nachteile nach den bisherigen Ausführungen relevant sind, werden die davon betroffenen Arbeitnehmer zusammengezählt und an den oben erarbeiteten (B III 2 c aa) Richtwerten gemessen.

Treffen mehrere für sich allein betrachtet irrelevante Nachteile bei einem Arbeitnehmer zusammen, ist eine Beurteilung als insgesamt wesentlicher Nachteil nur auf Grund einer an §242 BGB gemessenen Gesamtwürdigung möglich (s.o. B III 2 c bb (2)δ).

ee) Beurteilungsmaßstab bezüglich der Nachteile

Als weiterer Punkt ist zu klären, ob der Eintritt der wesentlichen Nachteile konkret im Einzelfall festgestellt werden muß oder ob es auf eine abstrakte Beurteilung ankommt.

In Literatur[106] und Rechtsprechung[107] ist man sich einig, daß die wesentlichen Nachteile nicht konkret eintreten brauchen. Das Bundesarbeitsgericht hat allerdings die Meinung vertreten, ein Mitbestimmungsrecht bestehe sogar dann, wenn von vorneherein feststeht, daß keine Nachteile eintreten[108]. Dieser Satz ist jedoch nur verständlich, wenn man ihn im

---

[106] Fabricius/Kraft/Thiele/Wiese §111 BetrVG 1972 Rn.182; Fitting/Auffarth/Kaiser/Heither §111 BetrVG 1972 Rn.7; Hess/Schlochauer/Glaubitz §111 BetrVG 1972 Rn.20; Stege/Weinspach §111 BetrVG 1972 Rn.9.

[107] BAG v.22.5.1979 AP Nr.3 Bl.5 zu §111 BetrVG 1972; BAG v.29.2.1972 AP Nr.9 Bl.2 zu §72 BetrVG 1952.

[108] BAG v.17.8.1982 AP Nr.11 Bl.3 zu §111 BetrVG 1972 m.w. N.; a.A. z.B. Stege/Weinspach §111 BetrVG Rn.9.

Zusammenhang sieht. Der Senat hat sich nämlich in dieser Entscheidung mit dem Problem befaßt, ob der Nachteilseintritt in den Fällen des §111 S. 2 fingiert wird und dies bejaht. Deswegen kommt er zu dem Schluß, daß es auf die tatsächlichen Nachteile überhaupt nicht ankommt. Dabei wird allerdings die Bedeutung des Relativsatzes des §111 S. 1 BetrVG 1972 insoweit übersehen, als mit dessen Hilfe die unbestimmten Rechtsbegriffe des Satzes 2 ausgelegt werden müssen.

Die Meinung, daß die wesentlichen Nachteile nicht konkret festgestellt werden brauchen, verdient Zustimmung. Dies ergibt sich zum einen aus der Formulierung „zur Folge haben *können*". Das Gesetz verlangt hier eine Prognose, die immer einen bestimmten Grad von Wahrscheinlichkeit voraussetzt. Zum anderen setzt das Mitbestimmungsrecht zeitlich schon nach der Planung ein. Die Maßnahmen sind noch nicht durchgeführt, so daß sich auch daraus die Notwendigkeit einer Prognose und damit abstrakten Beurteilung ergibt, denn in diesem Stadium ist noch nicht vorauszusehen, ob eine Betriebszweckänderung einzelne Arbeitnehmer nachteilig betrifft. Bedingt eine Änderung des Betriebszwecks z.B. einen Ortswechsel, so steht noch nicht unbedingt fest, welche Arbeitnehmer betroffen sind und ob ein Ortswechsel sich ungünstig auswirkt, weil z.B. die Belegschaftsangehörigen ohnehin an verschiedenen Orten wohnen. Steht andererseits von vorneherein fest, daß keine Nachteile entstehen können, wäre ein Mitbestimmungsrecht reiner Formalismus, da es nichts zu regeln gibt[109].

Die Frage, welcher Wahrscheinlichkeitsmaßstab anzulegen ist, läßt sich allgemein nur schwer definieren. Zum Teil wird dazu angeführt, ein Mitbestimmungsrecht bestehe dann, wenn nicht von vorneherein ausgeschlossen werden kann, daß wesentliche Nachteile eintreten[110]. Hess ist der Ansicht, es komme darauf an, ob im konkreten Fall bei objektiver Betrachtung mit wesentlichen Nachteilen gerechnet werden muß[111]. Die erstgenannte Formulierung erscheint interessengerecht. Die Voraussetzungen für eine Prognose dürfen auf keinen Fall zu hoch angesetzt werden, dies würde zu großer Rechtsunsicherheit führen. Es darf also nicht gefordert werden, daß der Eintritt von wesentlichen Nachteilen sicher vorauszusehen ist. Andererseits müssen aber auch konkrete Umstände vorliegen, die den Eintritt von Nachteilen erwarten lassen. Eine typisierende Betrachtungsweise ist gefordert. Auf die besonderen Umstände des Betriebs kann es nicht ankommen. Bemerkenswert ist die Auffassung von Fabricius, daß im Zweifel zugunsten des Mitbestimmungsrechts zu entscheiden sei[112]. Dieser Meinung

---

[109] So im Ergebnis auch Stege/Weinspach §111 BetrVG Rn.9.

[110] Fabricius/Kraft/Thiele/Wiese §111 BetrVG 1972 Rn.182; Fitting/Auffarth/Kaiser/Heither §111 BetrVG 1972 Rn.7.

[111] Hess/Schlochauer/Glaubitz §111 BetrVG 1972 Rn.20.

ist beizupflichten, da im Rahmen des Sozialplans die näheren Umstände auf jeden Fall berücksichtigt werden können.

ff) Abhängigkeit des Mitbestimmungsrechts von der Art der Produkte (Modeartikel)

Im folgenden soll auf die Abhängigkeit des Mitbestimmungsrechts von der Art des Betriebs eingegangen werden. Gedacht ist hier vor allem an die Frage, ob in Betrieben, deren Produkte stark der Mode unterworfen ist, eine andere Beurteilung zugrunde zu legen ist.

Dies muß verneint werden. Im Betriebsverfassungsgesetz in der heute gültigen Fassung wurde ausdrücklich auf die bezüglich einer grundlegenden Betriebszweckänderung in §72 Abs. 1 Nr. d BetrVG 1052 einschränkende Formulierung,

> „soweit sie" (bezogen auf Änderung des Betriebszwecks) „nicht offensichtlich auf einer Veränderung der Marktlage beruhen",

verzichtet[113]. Eine Anknüpfung des Mitbestimmungsrecht an die Marktlage sollte vermieden werden. Insoweit kann auch Betrieben, die Modeartikel herstellen, keine Sonderstellung eingeräumt werden.

Sind allerdings in der entsprechenden Branche bestimmte Vertragsklauseln üblich, die dem Arbeitnehmer mehr Flexibilität zumuten, besteht auf diese Weise ein Einfluß auf das Mitbestimmungsrecht, da bezüglich der wesentlichen Nachteile an die üblichen Vertragsabreden angeknüpft wird (s.o. B III 2 c bb (2) γ).

gg) Abhängigkeit des Mitbestimmungsrechts von der Form der Änderung

Selbstverständlich kann das Mitbestimmungsrecht nicht davon abhängig sein, ob der alleinige Betriebszweck ausgetauscht, ein neuer ergänzt oder einer unter mehreren aufgegeben wird, da allein auf die Auswirkungen auf die Belegschaft abzustellen ist.

hh) Abhängigkeit des Mitbestimmungsrechts von der Art der Durchführung der Maßnahmen

Schließlich ist zu klären, ob die Art der Durchführung einer Maßnahme auf das Mitbestimmungsrecht einen Einfluß haben kann. Gemeint ist, ob zu differenzieren ist, wenn Entlassungen durch Kündigungen des Arbeitgebers

---

[112] Fabricius/Kraft/Thiele/Wiese §111 BetrVG 1972 Rn. 182.

[113] Vgl. BT-Dr. VI/Begr. zu Nr. 2729 S. 8.

oder durch solche des Arbeitnehmers, durch übereinstimmende Vertragsaufhebung oder nur durch Ausnützen der Personalfluktuation durchgeführt werden.

(1) Die herrschende Meinung in der Literatur vertritt die Auffassung, daß die Arbeitnehmer, die auf Grund der normalen Personalfluktuation ausscheiden, bei der Zählung der betroffenen Belegschaftsmitglieder nicht mit zu berücksichtigen seien[114]. Dieser Meinung hat sich die Rechtsprechung weitgehend angeschlossen[115]. Begründet wird dies zum einen mit dem Ausbleiben wesentlicher Nachteile, sowohl für die ausscheidenden als auch für die verbleibenden Belegschaftsmitglieder[116]. Fabricius weist darauf hin, daß es unter Umständen möglich ist, daß die fehlende Aufstockung des durch normale Personalfluktuation ausgeschiedenen Personals für die verbleibenden Belegschaftsmitglieder nachteilig sein kann, wenn diese etwa Arbeiten der ausgeschiedenen Arbeitnehmer mit übernehmen müßten[117]. Hier geht es allerdings darum, ob allein die Nichtaufstockung als solche schon einen wesentlichen Nachteil darstellt, was zu verneinen ist. Zum anderen wird angeführt, der Mitbestimmungstatbestand des §111 BetrVG 1972 setze eine Maßnahme des Unternehmers voraus. Allein das Ausnutzen der normalen Personalfluktuation sei keine auf den Willen des Unternehmers sondern auf den des ausscheidenden Arbeitnehmers beruhende Maßnahme[118]. So seien auch die Arbeitsverhältnisse, die auf Grund einer Befristung enden, nicht mitzuzählen[119].

Die Frage, ob nur betriebsbedingte oder aber auch die Fälle einer personen- bzw. verhaltensbedingten Kündigung bzw. Eigenkündigungen des Arbeitnehmers oder einverständliche Vertragsaufhebungen mit einzubeziehen seien, ist ebenso umstritten. Das Bundesarbeitsgericht ist der Auffassung, nur betriebsbedingte Kündigungen wären für das Mitbestimmungsrecht relevant. Die Probleme der einverständlichen Vertragsaufhebungen und die der Eigenkündigungen läßt es offen[120]. Die herrschende Meinung in

---

[114] Hess/Schlochauer/Glaubitz §111 BetrVG 1972 Rn. 41; dies. §112a BetrVG 1972 Rn. 10; Hunold BB 1975, 1439f; ders. BB 1984, 2275, 2276; Scherer NZA 1985, 764, 767.

[115] BAG v. 2.8.1983 AP Nr. 12 Bl. 3 zu §111 BetrVG 1972; LAG Hamm v. 8.12.1982 DB 1983, 832, 833; a. A. ArbG Hagen zitiert bei Hunold BB 1984, 2275, 2276 Fn. 9.

[116] BAG v. 2.8.1983 AP Nr. 12 Bl. 3 zu §111 BetrVG 1972; Hunold BB 1975, 1439f.; ders. BB 1984, 2275, 2276; LAG Hamm v. 8.12.1982 DB 1983, 832, 833.

[117] Fabricius Anm. zu BAG AP Nr. 12 zu §111 BetrVG 1972 Bl. 7.

[118] Hess/Schlochauer/Glaubitz §111 BetrVG 1972 Rn. 41; LAG Hamm v. 8.12.1982 DB 1983, 832, 833.

[119] Fabricius Anm. zu BAG AP Nr. 12 zu §111 BetrVG 1972 Bl. 9.

[120] BAG v. 2.8.1983 AP Nr. 12 Bl. 3 zu §111 BetrVG 1972.

der Literatur geht davon aus, daß es nicht auf die Form der Durchführung einer Maßnahme ankommt, sondern auf den Auflösungsgrund[121]. D.h. personen- oder verhaltensbedingte Kündigungen werden nicht berücksichtigt, wohl aber Eigenkündigungen oder Auflösungsverträge, die auf Grund der geplanten Betriebsänderung veranlaßt sind. Demgegenüber wendet Fabricius ein, es bestehe die Gefahr der Umgehung von Mitbestimmungsrechten, deswegen seien auch personen- bzw. verhaltensbedingte Kündigungen bzw. Eigenkündigungen des Arbeitnehmers mit zu berücksichtigen[122]. Hunold vertritt schließlich die Auffassung, daß auch betriebsbedingte Aufhebungsvereinbarungen nicht relevant seien, weil Betriebsänderungen als Maßnahmen des Unternehmers nur durch einseitige Gestaltungsakte realisiert werden könnten[123].

(2) Zur Lösung soll als erstes untersucht werden, ob die Arbeitnehmer, die aus *personen- bzw. verhaltensbedingten* Gründen entlassen werden, in Betracht zu ziehen sind. Dieser Personenkreis darf nicht mitgezählt werden, da es an einer Kausalität zur Betriebszweckänderung fehlt. Diese ist aber, wie §111 S. 1 BetrVG 1972 durch die Worte „*zur Folge*“ ausdrückt, unbedingt notwendig. Auch die Vorschrift des §113 Abs. 3 BetrVG 1972 macht das Kausalitätserfordernis deutlich[124]. Schließlich verlangt der Zweck des §111 BetrVG, nämlich Schutz der Arbeitnehmer vor wesentlichen Nachteilen, daß an einer kausalen Verknüpfung zwischen Betriebsänderung und deren Folgen festgehalten werden muß. Die Befürchtungen von Fabricius[125], es könne damit das Mitbestimmungsrecht umgangen werden, wenn der Unternehmer betriebsbedingte Kündigungen als personen- oder verhaltensbedingte Kündigungen deklariert, mag vielleicht im Einzelfall gegeben sein. Die Gefahr ist jedoch nicht so hoch zu veranschlagen, daß der Anwendungsbereich des §111 BetrVG 1972 über dessen Wortlaut ausgedehnt werden müßte, denn zu Recht weist das Bundesarbeitsgericht darauf hin, daß der Betriebsrat zu jeder Kündigung gemäß §102 BetrVG 1972 hinzuzuziehen ist und diese begründet werden muß, wobei ein Nachschieben bekannter Kündigungsgründe im Prozeß ausgeschlossen ist. Das Risiko einer falschen Anhörung des Betriebsrats ist damit schon aus finanziellen Gründen zu groß[126].

---

[121] Fitting/Auffarth/Kaiser/Heither §111 BetrVG 1972 Rn.21; Hess/Schlochauer/Glaubitz §112a BetrVG 1972 Rn.10; Heither ZIP1985, 513, 517f.; Wlotzke NZA1984, 217, 221; Scherer NZA1985, 764, 767f.

[122] Fabricius Anm. zu BAG AP Nr.12 zu §111 BetrVG 1972 Bl.3; a. A. BAG v.2.8.1983 AP Nr.12 Bl.3 zu §111 BetrVG 1972.

[123] Hunold BB1975, 1439.

[124] So auch BAG v.2.8.1983 AP Nr.12 Bl.4 zu §111 BetrVG 1972.

[125] Fabricius Anm. zu BAG AP Nr.12 zu §111 BetrVG 1972 Bl.8f.

[126] BAG v.2.8.1983 AP Nr.12 Bl.3f zu §111 BetrVG 1972.

Auch ein Ausscheiden eines Arbeitnehmers auf Grund eines *befristeten Vertrags* oder wegen Eintritts in den *Ruhestand*, ist nicht mit einer Betriebszweckänderung kausal verbunden, so daß diese Personen ebenfalls nicht hinzugezählt werden dürfen. Eine *Anfechtung* der den Arbeitsvertrag begründenden Willenserklärung darf deswegen ebenso wenig Berücksichtigung finden. Genausowenig können *Eigenkündigungen* durch den Arbeitnehmer oder *einverständliche Vertragsaufhebungen* relevant sein, wenn sie in *keinem Zusammenhang mit der Betriebszweckänderung* stehen und nicht deshalb vom Unternehmer initiiert worden sind.

Diese Beendigungstatbestände können als *normale Personalfluktuation* bezeichnet werden. Es stellt sich das Problem, ob diese Personen dann hinzugezählt werden müssen, wenn die Fluktuation bewußt vom Unternehmer ausgenützt wird, um damit die Folgen einer Betriebszweckänderung zumindest zum Teil abzufangen. Diese Frage kann nur im Sinne der herrschenden Meinung verneint werden. Zwar dient die Anzahl der durch eine Betriebszweckänderung Betroffenen, auch wenn diese keine Nachteile erleiden, als Indiz für das Ausmaß einer Betriebszweckänderung. Wann eine grundlegende Änderung vorliegt, kann jedoch, wie bereits ausgeführt, nicht anhand der qualitativen Veränderung des Betriebszwecks festgestellt werden, sondern nur mittels der nachteiligen Auswirkungen auf die Belegschaft. Deshalb dient der Sozialplan auch dem finanziellen Ausgleich derartiger Nachteile. Der Gesetzgeber hat im Regierungsentwurf von 1972[127] das Mitbestimmungsrecht nur von dem Eintritt von Nachteilen für eine bestimmte Personenzahl abhängig gemacht und damit zum Ausdruck gebracht, daß er das kollektive Schutzinstrumentarium der Mitwirkung des Betriebsrats nur dann einsetzen wollte, wenn eine gewisse Mindestzahl von Arbeitnehmern Nachteile in Kauf nehmen muß. Dieser Gesetzeszweck ist auch der heute gültigen Fassung zugrunde zu legen. Da jedoch Nachteile weder für die ausscheidenden noch für die verbleibenden Arbeitnehmer zu befürchten sind, ist die Ausnutzung der Personalfluktuation nicht bei der Mitbestimmung mit zu bedenken. Ein anderes Ergebnis würde die Dispositionsfreiheit des Unternehmers zu stark einschränken.

Eindeutig ist das Ergebnis bezüglich der *Eigenkündigungen oder der Vertragsaufhebungen*, die vom Unternehmer auf Grund der Betriebszweckänderung *veranlaßt* wurden. Hier ist Kausalität gegeben, so daß diese Personen mitzuzählen sind. Zu Recht hat das Bundesarbeitsgericht in anderem Zusammenhang schon mehrfach entschieden, daß es nicht auf die Form des Ausscheidens sondern auf dessen Grund ankommen muß[128]. Für

---

[127] BT-Dr. VI/1786 S.23 zu §111 Abs.1.

[128] BAG v.20.8.1980 AP Nr.15 Bl.2 zu §6 LohnfG; BAG v.26.9.1963 AP Nr.1 Bl.4 zu §75 HGB.

dieses Ergebnis spricht zum einen die Vorschrift des §112a Abs. 1 S. 2 BetrVG 1972. Zwar wird hier nur die Modalität des Ausscheidens durch Vertragsaufhebung geregelt, nicht die der Eigenkündigung. Ein Unterschied zwischen beiden besteht jedoch nicht. Diese Norm enthält den Rechtsgrundsatz, daß betrieblich veranlaßtes Ausscheiden als relevant zu betrachten ist und es nicht auf die Form ankommen darf. Würde man derartige Beendigungstatbestände nicht berücksichtigen, bestünde eine starke Umgehungsgefahr. Der Arbeitgeber könnte so mit wenigen Arbeitnehmern Aufhebungsverträge unter Zubilligung von Abfindungen abschließen, so daß die Zahl der noch betroffenen Belegschaftsangehörigen für ein Mitbestimmungsrecht und damit für die Schaffung eines Sozialplans nicht mehr ausreichen würde. Auf diese Art könnte der Unternehmer Zahlungen für die übrigen Arbeitnehmer sparen.

Als Ergebnis steht somit fest, daß die normale Personalfluktuation nicht berücksichtigt werden darf, hingegen die Arbeitnehmer, die durch den Unternehmer auf Grund der Betriebszweckänderung veranlaßt wurden, entweder selbst zu kündigen oder Aufhebungsverträge zu schließen, mitgezählt werden müssen.

IV. Zusammenfassung

Zusammenfassend läßt sich somit sagen, daß eine Definition des Begriffs „Betriebszweck" die Funktion hat, eine möglichst genaue Beschreibung des Endprodukts bzw. der Dienstleistung zu liefern, um einer anschließenden Wertung im Rahmen des Tatbestandsmerkmals „grundlegende Änderung" nicht von vorneherein den Boden zu entziehen. Die Grenze einer möglichst genauen Präzisierung liegt im Wortlaut „Zweck", der zum Ausdruck bringt, daß immer das vollständige arbeitstechnische Endziel bezeichnet werden muß.

Eine Änderung des Betriebszweck kann darin liegen, daß dieser ausgetauscht, ein neuer ergänzt oder einer unter mehreren aufgegeben wird.

Die Frage nach dem Vorhandensein einer *grundlegenden* Änderung entscheidet sich danach, wieviel Arbeitnehmer von der Änderung nachteilig betroffen sein können. Dabei sind die Zahlenangaben des Regierungsentwurfs von 1972 im allgemeinen heranzuziehen. Wann ein wesentlicher Nachteil vorliegt, kann auf Grund des typischen Arbeitsvertrags der jeweiligen Branche beurteilt werden. Müßte dieser auf Grund der Betriebszweckänderung angepaßt werden, liegt ein wesentlicher Nachteil vor. Dies ist auch dann gegeben, wenn die Basis für schützenswerte Zukunftserwartungen entzogen wird. Die Form der Durchführung der Betriebszweckänderung spielt für die wesentliche Betroffenheit keine Rolle. Es kommt allein darauf an, ob Maßnahmen und Folgen kausal verknüpft sind.

Für den mehrfach angesprochenen Fall, den das Bundesarbeitsgericht hinsichtlich der Einführung von Glücksspielautomaten zu entscheiden hatte, bedeutet dies, daß eine grundlegende Änderung des Betriebszwecks vorlag. Der Betriebszweck war die Zurverfügungstellung der Glücksspiele Baccarat, Roulett und Blackjack. Eine Änderung lag darin, daß der Betriebszweck um die Bereitstellung von Glücksspielautomaten ergänzt wurde. Diese Änderung war auch grundlegend, denn alle Belegschaftsmitglieder waren an dem „Tronc" beteiligt. Durch die Einstellung von weiteren Mitarbeitern, die selbst an dem „Tronc" partizipieren sollten, ohne daß dessen Gesamtvolumen zunahm, wären alle Arbeitnehmer insoweit betroffen gewesen, als sie in Zukunft weniger Trinkgeld erwarten durften. Dies stellte auch einen wesentlichen Nachteil dar, denn die Erwartung auf eine bestimmte diesbezügliche Summe ist eine geschützte Zukunftserwartung, die für die Eingehung des Arbeitsvertrags bestimmend sein muß, da in dieser Branche allgemein das Trinkgeld eine besondere Bedeutung hat.

Der Entscheidung kann somit im Ergebnis zugestimmt werden.

C. Schlußteil

Überblickt man die Literatur zu dem Thema „grundlegende Änderung des Betriebszwecks", wird man selbst in längeren Abhandlungen oder in größeren Kommentaren dazu kaum hilfreiche Erörterungen finden. Auch die Rechtsprechung hat sich bisher mit dieser Problematik nur wenig befassen müssen. Dies kann nur daran liegen, daß entweder die Lösung der Frage völlig klar ist oder die Praxis mit den unbestimmten Rechtsbegriffen in §111 S. 2 BetrVG 1972 nichts anfangen kann und sich deswegen einer Anwendung lieber enthält. Wenn man die Begründung des Bundesarbeitsgericht liest, dann scheint mehr die zweite Alternative zuzutreffen, denn die einzelnen Tatbestandsmerkmale werden nur dürftig umrissen. An einer mangelnden praktischen Relevanz kann es nicht liegen. Selbst nachdem der reine Personalabbau jetzt gesetzlich geregelt ist, besteht weiterhin ein Bedürfnis nach anderen Mitbestimmungstatbeständen. Zum einen bleibt die Regelung des §112a hinter der des §111 S. 2 BetrVG 1972 zurück (vgl. z. B. Abs. 2). Zum anderen sind darin nur die Fälle der Entlassungen geregelt. Was bei anderen wesentlichen Nachteilen zu geschehen hat, bleibt offen. Selbst wenn man einwendet, daß sich die Tatbestände des §111 S. 2 BetrVG überlappen und somit eine klare Definition des Begriffs „grundlegende Änderung des Betriebszwecks" zumeist entbehrlich ist, so muß man sehen, daß das Tatbestandsmerkmal „grundlegend" mehrfach vorkommt, so daß es zwingend ist, dieses Element klarzustellen.

Literaturverzeichnis

Chi-sen, Chen: Das wirtschaftliche Mitbestimmungsrecht der Betriebsräte, Diss., München 1965

Dietz, Rolf: Kommentar zum Betriebsverfassungsgesetz 1952, 4. Auflage, München-Berlin 1967

Dietz, Rolf / *Richardi*, Reinhard: Kommentar zum Betriebsverfassungsgesetz 1972, Bd. 2, 6. Auflage, München 1982

Drosdowski, Günther (Hrsg.): Das große Wörterbuch der deutschen Sprache, Bd. 1, Mannheim 1976

Drosdowski, Günther (Hrsg.): Das große Wörterbuch der deutschen Sprache, Bd. 3, Mannheim 1977

Etzel, Gerhard: Die Rechtsprechung zum Betriebsverfassungsgesetz 1972, Neuwied 1974

Fabricius, Fritz / *Kraft*, Alfons / *Thiele*, Wolfgang / *Wiese*, Günther: Gemeinschaftskommentar zum Betriebsverfassungsgesetz 1972, 2. Bearbeitung, Darmstadt 1983

Fitting, Karl / *Auffarth*, Fritz / *Kaiser*, Heinz / *Heither*, Friedrich: Handkommentar zum Betriebsverfassungsgesetz, 15. Auflage, München 1987

Fitting, Karl / *Kraegeloh*, Walter / *Auffarth*, Fritz: Kommentar zum Betriebsverfassungsgesetz 1952, 9. Auflage, Berlin-Frankfurt a. M. 1970

Galperin, Hans: Das Betriebsverfassungsgesetz 1972, Leitfaden für die Praxis, Heidelberg 1972

Galperin, Hans / *Löwisch*, Manfred: Kommentar zum Betriebsverfassungsgesetz 1972, 6. Auflage, Heidelberg 1982

Gnade, Albert / *Kehrmann*, Karl / *Schneider*, Wolfgang / *Blanke*, Hermann: Kommentar zum Betriebsverfassungsgesetz 1972, 2. Auflage, Köln 1983

Grimm, Jakob / *Grimm*, Wilhelm: Das große Wörterbuch der deutschen Sprache, Bd. 6, München 1984

Hess, Harald / *Schlochauer*, Ursula / *Glaubitz*, Werner: Kommentar zum Betriebsverfassungsgesetz 1972, 3. Auflage, Neuwied-Darmstadt 1986

Hueck, Alfred / *Nipperdey*, Hans Carl: Lehrbuch des Arbeitsrechts. Bd. 2, 2. Hbb., 7. Auflage, Berlin-Frankfurt a. M. 1970

Jakobi, Erwin: Betrieb und Unternehmen, Festschrift für Ehrenberg, Leibzig 1927

Joost, Detlev: Betrieb und Unternehmen als Grundbegriffe im Arbeitsrecht, München 1988

Kaven, Michael: Das Recht des Sozialplans, Berlin 1977

Larenz, Karl: Methodenlehre der Rechtswissenschaft, 5. Auflage, Berlin 1983

Löwisch, Manfred: Kommentar zum Betriebsverfassungsgesetz 1972, Heidelberg 1985

Mackensen, Lutz: Deutsches Wörterbuch, 3. Auflage, München 1955

Maunz, Theodor / *Dürig*, Günter / *Herzog*, Roman: Kommentar zum Grundgesetz, Loseblattsammlung, München

Nikisch, Artur: Arbeitsrecht, Bd. 3, 2. Auflage, Tübingen 1966

Ohl, Heinrich: Der Sozialplan, Karlsruhe 1977

Reuter, Dieter / *Streckel*, Siegmar: Grundfragen der betriebsverfassungsrechtlichen Mitbestimmung, Frankfurt a. M. 1972

Rumpff, Klaus: Mitbestimmung in wirtschaftlichen Angelegenheiten, 2. Auflage, Heidelberg 1978

Schaub, Günter: Arbeitsrechts-Handbuch, 6. Auflage, München 1987

Schoenborn, Graf v., Albert: Die Beteiligung der Betriebsräte bei Betriebsänderungen, Diss., Würzburg 1976

Stege, Dieter / *Weinspach*, Friedrich Karl: Handkommentar für die betriebliche Praxis, 5. Auflage, Köln 1984

Stege, Dieter / *Weinspach*, Friedrich Karl: Handkommentar für die betriebliche Praxis, Ergänzungsband, 5. Auflage, Köln 1985

Vogt, Aloys: Sozialpläne in der betrieblichen Praxis, 2. Auflage, Köln 1981

Wahrig, Gerhard / *Krämer*, Hildegard / *Zimmermann*, Harald (Herausgeber): „Brockhaus", Deutsches Wörterbuch, Bd. 3, Wiesbaden-Stuttgart 1981

Wahrig, Gerhard / *Krämer*, Hildegard / *Zimmermann*, Harald (Herausgeber): „Brockhaus", Deutsches Wörterbuch, Bd. 6, Wiesbaden-Stuttgart 1984

Wlotzke, Otfried: Kommentar zum Betriebsverfassungsgesetz 1972, München 1984

Kolibri 360 GmbH
Ferdinand-Jühlke-Straße 7
99095 Erfurt, Deutschland
produktsicherheit@kolibri360.de

Druck:
CPI Druckdienstleistungen GmbH
im Auftrag der
Kolibri 360 GmbH
Ferdinand-Jühlke-Str. 7
99095 Erfurt